Horst Schmitz

Lateinische Grammatik üben Klasse 9–11

W0408219

MANZ VERLAG

2. Auflage 2001
Manz Verlag
© Ernst Klett Verlag GmbH, Stuttgart 2000
Alle Rechte vorbehalten
Lektorat: Harald Kotlarz, Ammerbuch
Herstellung: Karin Schmid, Baldham
Umschlaggestaltung: Zembsch' Werkstatt, München
Layout: Karin Schmid, Baldham
Satz: Karin Schmid, Baldham
Druck: Druckhaus Beltz, Hemsbach
Printed in Germany

ISBN 3-7863-2601-0

Inhaltsverzeichnis

Gebrauchsanleitung

Wann brauchst du dieses Buch?

Wenn du im Lateinunterricht schon mit Themen wie Gerundiv o. Ä. zu tun hattest,

- aber noch nicht so richtig durchblickst oder
- einiges davon wieder vergessen hast, oder
- wenn du einfach mehr Übung brauchst
- und wenn du schon mindestens zwei Lateinjahre oder mehr hinter dir hast, dann ist dieses Buch für dich richtig.

Für wen ist dieses Buch nicht geeignet?

Wenn du erst im ersten oder zweiten Lateinjahr bist, solltest du noch warten. Dies ist auch kein Buch für den Spitzenlateiner, dem sowieso alles klar ist, außer er möchte auf Nummer sicher gehen und noch einige Trainingseinheiten einlegen.

Was musst du hier nicht befürchten?

- Dies ist keine Lateingrammatik.
- Dies ist kein Buch mit komplizierten Erklärungen. Latein ist auch so schon schwierig genug.
- Dies ist kein Buch, das man von vorn bis hinten durcharbeiten muss.

Was erwartet dich also hier?

- Dies ist ein Trainingsbuch mit voneinander unabhängigen Kapiteln. Mit jedem Kapitel kannst du ein anderes Lateinproblem so intensiv üben, bis du es wirklich beherrschst.
  Du brauchst also nicht mit dem ersten Kapitel anzufangen. Wenn du Schwierigkeiten mit dem *Participium coniunctum* hast, trainierst du eben mit dem Kapitel *Participium coniunctum*.
- Du kannst jedes Kapitel auf zwei Arten nutzen:
  Wenn dir das Thema des Kapitels (z. B. *Participium coniunctum*) ein bisschen rätselhaft ist, beginnst du mit der ersten Seite des Kapitels und arbeitest das Kapitel ganz durch.
  Wenn du dagegen das Thema schon theoretisch beherrschst und nur Übungsmaterial suchst, dann beginnst du gleich mit dem Übungsmaterial im Kapitel.

- Hier findest du Original-Übungsmaterial. Die Übungen stammen aus Texten lateinischer Autoren. Also wirst du viele dieser Übungen im Unterricht oder in Prüfungsarbeiten wieder antreffen. Damit hast du schon einen Vorsprung!

Dies ist ein Arbeitsbuch. Das bedeutet, dass du in dieses Buch hineinschreibst und auch alle Lösungen im Anhang findest. Die Lösungsseiten kannst du heraustrennen und mit deinen Übersetzungen vergleichen. Das solltest du bei den ersten Übungen am besten sofort machen, damit du gleich auf die richtige Fährte kommst. Und jetzt brauchst du nur noch einen Stift und ein wenig Ausdauer.

Viel Erfolg wünschen dir Autor und Verlag!

Wenn du dieses Piktogramm siehst, dann wartet ein Tipp auf dich.

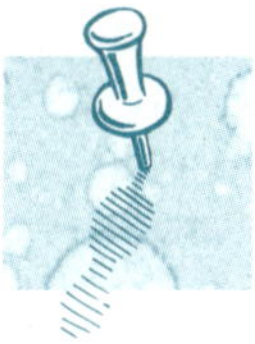

Hier steht etwas, was du dir merken solltest.

A Ablativus absolutus

Wahrscheinlich gelingt es dir immer wieder, den *Ablativus absolutus* (AA) falsch zu übersetzen. Wenn du ihn überhaupt als AA erkennst. Auch das ist nicht sicher. Das können wir ändern.

Wie gehen wir vor?

Wir werden in drei Schritten vorgehen:

- Im ersten werden wir dich daran erinnern, wie ein AA aussehen kann.
- Im zweiten wirst du üben, wie man den AA übersetzt.

Das alles nützt noch sehr wenig, wenn du ihn im Text nicht erkennst.
Also wirst du

- im dritten Schritt üben, ihn im Text zu erkennen.

1. Schritt: Wie sieht der AA aus?

Natürlich muss ein **Ablativ** dabei sein, oder? Sonst hieße er ja nicht ***Ablativus*** *absolutus*.

Kleine Wiederholung für alle Fälle:
Der Ablativ(us) ist ein Fall (Kasus). Man erkennt ihn an bestimmten Endungen. Erinnerst du dich noch?

Die Lösungen findest du im Anhang dieses Buchs. Am bequemsten ist es für dich, wenn du die entsprechende Seite heraustrennst und neben dein Buch legst. Dann lies die Nr. 1. Rechts daneben findest du – wenn nötig – Wörter erklärt. Unter Nr. 1 schreibst du deine Lösung. Danach kontrollierst du mithilfe des herausgetrennten Lösungsblattes dein Ergebnis. Also: Es geht los!

Übung 1

➡ Lösung S. 118

Wie heißen die Ablativendungen (Singular und Plural) zu folgenden Substantiven?

1 dominus ______________________________

2 femina ______________________________

3 templum ____________________

4 urbs ____________________

5 senatus ____________________

- Einzahl: **-a, -e, -i, -o, -u** (kann man sich leicht merken: die deutschen Vokale) und Mehrzahl: **-is, -bus** können **Ablativendungen** sein. Dazu noch ***hoc*** und ***hac***. (Vorsicht: „können" heißt nicht „müssen"!)
- Der AA besteht aus (mindestens) **zwei Wörtern**, beide stehen **im Ablativ**.
- Die beiden Wörter müssen **in Zahl** (Einzahl oder Mehrzahl) **und Geschlecht** (z. B. weiblich) **zusammenpassen**, das heißt gleich sein.

Übung 2

Können die folgenden Wortpaare ein AA sein?

➡ Lösung S. 118

1 concilio convocato ____________________

2 pugna nuntiato ____________________

2. Schritt: Wie übersetzt du den AA?

Es gibt nur drei Sorten des AA. Fangen wir mit der ersten an. Zunächst sollst du sie nur kennen lernen:

Die Sorte „Nachdem ..."
concilio convocato

Wie übersetzt man so etwas?
Dazu brauchen wir außer den Wörtern (*concilium* heißt „Versammlung", *convocato* ist vom Verb *con-vocare* = zusammen-rufen abgeleitet) die **Partizipien**.

Wenn du genau weißt, dass *convocato* ein Partizip Perfekt Passiv ist (und wo der Unterschied zum Partizip Präsens Aktiv ist und was das bedeutet), dann kannst du den folgenden, äußerst wichtigen Tipp überspringen.
Wenn nicht:

- Wenn du folgende Ablativ-Endungen siehst, hast du das **PPA** (Partizip Präsens Aktiv) beim AA: ***-nte*** (= Singular) und ***-ntibus*** (= Plural).
- Wenn du folgende Ablativendungen siehst, hast du das **PPP** (Partizip Perfekt Passiv) beim AA: ***-o*** (Singular), ***-a*** (Singular), ***-is*** (Plural).

Wie wird der AA nun übersetzt?

Der AA kann immer mit einem Nebensatz (Gliedsatz) übersetzt werden.

Wie geht das?

- Wenn im AA ein PPP(assiv) steht, beginnst du deinen Nebensatz mit „nachdem" und beendest den Nebensatz mit einem Passiv:
  Also: *concilio convocato* = nachdem die Versammlung zusammengerufen (= einberufen) worden war.
- Wenn im AA ein PPA(ktiv) steht, beginnst du deinen Nebensatz mit „während" und beendest den Nebensatz mit einem Aktiv.
  Also: *aestate ineunte* (*aestas* = Sommer, *inire* = (herein)kommen) = während der Sommer kam

Übung 3

➡ Lösung S. 118

1 (omnibus) rebus comparatis

2 Wörter?
Ablativendungen?
1 Partizip?
„nachdem" oder „während"?
Aktiv oder Passiv?

(omnes) res = (alle) Dinge • *comparare* = zusammenbringen, vorbereiten

Wie beginnt dein Satz?

Wie endet dein Satz?

Übersetzung des ganzen Nebensatzes:

2 (eo) opere perfecto

2 Wörter?
Ablativendungen?
1 Partizip?
„nachdem" oder „während"?
Aktiv oder Passiv?
(id) opus = (dieses) Werk • *perficere* = vollenden

Wie beginnt dein Satz?

Wie endet dein Satz?

Übersetzung des ganzen Nebensatzes:

Und welche Zeit (Tempus) haben wir für das Verb im deutschen Nebensatz benutzt? Das Plusquamperfekt (3. Vergangenheit)!

Wenn im AA ein **PPP** steht, steht das deutsche Verb (= lat. PPP) im **Plusquamperfekt** (= 3. Vergangenheit) **Passiv,** das heißt: Die Handlung des PPP fand vor der Handlung deines Hauptsatzes statt:

Nachdem ... vorbereitet waren, (passierte etwas anderes).
Nachdem ... vollendet war, (passierte etwas anderes).

PPP = nachdem = vorzeitig

Übung 4

1 locis (superioribus) occupatis ➡ Lösung S. 118
locus = Ort • *superior* = höher • *occupare* = besetzen

Das war die AA-Sorte „Nachdem …".

Aber: locis patentibus
Hier ist doch etwas anders?
locus = Ort • *patere* = offen stehen

„nachdem" oder „während"?

2 Wie beginnt dein Nebensatz?

___

3 Wie endet dein Nebensatz?

___

4 Wie heißt dein ganzer Nebensatz?

___

Und welche Zeit (Tempus) haben wir für das Verb im AA benutzt?
Das Imperfekt (1. Vergangenheit)!

Wenn im AA ein **PPA** steht, steht das deutsche Verb (= lat. PPA) meistens im **Imperfekt** (= 1. Vergangenheit) **Aktiv,** das heißt: Die Handlung des PPP findet gleichzeitig mit der des Hauptsatzes statt.

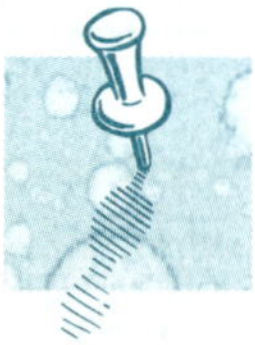

PPP = „nachdem" + Passiv + (vorzeitig =) Plusquamperfekt
PPA = „während" + Aktiv + (gleichzeitig =) Imperfekt

Übung 5

➡ Lösung S. 118

Jetzt kannst du die folgenden Beispiele selbstständig durcharbeiten. (Du wirst einige davon im Unterricht oder in Prüfungsarbeiten wiederfinden!)

Den nötigen Wortschatz findest du unter dem Beispiel. Trage deine Übersetzung ein und vergleiche jeweils danach (!) mit der Lösung im Anhang.

1 His (compluribus proeliis) pulsis
hic = dieser • *complures* = mehrere • *proelium* = Gefecht • *pellere* = schlagen

___

Wenn ein AA aus mehr als zwei Wörtern besteht, brauchst du nicht zu erschrecken:

2 (omnibus) fortunis consumptis
omnes = alle • *fortuna* = Besitz • *consumere* = verbrauchen

____

3 hoc proelio facto
proelium = Gefecht, Schlacht • *facere* = machen

____

4 hoc proelio nuntiato
nuntiare = melden

____

5 convocatis principibus
convocare = zusammenrufen • *princeps* = Fürst

____

6 inscientibus ipsis
scire = wissen

____

7 cognito Caesaris adventu
cognoscere = erkennen • *adventus* = Ankunft • *Caesaris* = Genitiv

____

8 hac oratione habita
oratio = Rede • *habere* = halten

____

9 ea re constituta
res = Angelegenheit • *constituere* = festsetzen

____

10 clamore audito
clamor = Geschrei • *audire* = hören

____

11 armis abiectis
arma = Waffen • *abicere* = wegwerfen

____

12 signis militaribus relictis
signum = Zeichen • *relinquere* = zurücklassen

____

13 magno numero interfecto
interficere = beseitigen, töten

____

14 omnibus vicis aedificiisque incensis
vicus = Dorf • *aedificium* = Gebäude, Gehöft • *incendere* = anzünden

____

15 frumentis succisis
frumentum = Getreide • *succidere* = abschneiden

____

16 omni opere effecto
opus = Werk • *efficere* = bewirken, beenden

____

17 summa imperii permissa
imperium = Befehlsgewalt • *permittere* = überlassen, übergeben

____

18 dato signo
dare = geben • *signum* = Zeichen

____

19 legatis dimissis
dimittere = wegschicken

---

20 illo licente
ille = jener • *liceri* = Angebot machen

Übung 6

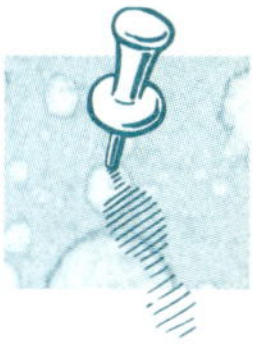

Gelegentlich kannst du auch die Konjunktionen „nachdem" und „während" durch andere ersetzen, z. B. „weil" oder „als". Aber: Die Zeitverhältnisse müssen stimmen! Und der Sinn des gesamten Satzes muss natürlich auch stimmen.

➡ Lösung S. 119

1 pluribus praesentibus
plures = mehrere • *praesens* = anwesend

---

2 quibus rebus cognitis

---

3 interpretibus remotis
interpres = Dolmetscher • *removere* = entfernen

---

4 ipso praesente
ipse = selbst • *praesens* = anwesend

---

5 causa cognita
causa = Fall • *cognoscere* = erkennen, untersuchen

---

6 commutato consilio
commutare = wechseln, ändern • *consilium* = Plan,

7 itinere converso
iter = Marschrichtung • *convertere* = umwenden, umkehren

8 reiecto equitatu
reicere = zurückwerfen • *equitatus* = Kavallerie

9 phalange facta
phalanx = Schlachtordnung, Phalanx

10 ea disiecta
disicere = zersprengen

11 scutis transfixis et colligatis
scutum = Schild • *transfigere* = durchbohren • *colligare* = zusammenheften

12 iactato bracchio
iactare = schütteln • *bracchium* = Arm

13 remotis equis
removere = entfernen, wegbringen • *equus* = Pferd

14 aequato (omnium) periculo
aequare = gleich machen • *periculum* = Gefahr

15 monte occupato
mons = Berg, Höhe • *occupare* = besetzen

Übung 7

Jetzt wird es komplizierter: zwei verschiedene Sorten des AA auf einmal.

➡ Lösung S. 119

1 capto monte et succedentibus nostris
capere = besetzen • *succedere* = nachrücken

2 itinere intermisso
iter = Marsch • *intermittere* = unterbrechen

3 armis traditis
arma = Waffen • *tradere* = übergeben, ausliefern

4 Haeduis petentibus
petere = bitten • *Haeduis* = Abl. Plural = Häduer (= Kelten)

5 bello confecto
bellum = Krieg • *conficere* = beenden

6 his rebus auditis
audire = hören

---

7 hoc parricida interfecto
parricida = Mörder, Hochverräter • *interficere* = beseitigen

---

8 hoc uno interfecto
unus = einer

---

9 nullo tumultu concitato
tumultus = Aufruhr • *concitare* = erregen

Übung 8

➡ Lösung S. 120

In den folgenden Beispielen wirst du manchmal vergeblich ein Partizip suchen:

1 quieta Gallia
quietus = ruhig

---

2 me consule

---

3 C. Mario et L. Valerio consulibus

---

4 me imperante
imperare = befehlen

---

5 sine causa antecedente
causa = Grund • *antecedere* = vorangehen

---

6 laudatis victoribus
laudare = loben • *victor* = Sieger

---

7 debellatis nationibus
debellare = niederkämpfen • *natio* = Volk

Übung 9

Welche Wörter stehen hier im Ablativ?

➡ Lösung S. 120

1 exigua parte aestatis reliqua
exiguus = gering • *pars* = Teil • *aestas* = Sommer • *reliquus* = übrig

---

Immer wieder mal wirst du jetzt ohne Partizip auskommen müssen:

2 Caesare invito
invitus = nicht wollend

---

3 senatu auctore
auctor = Urheber

---

4 diu certato
diu = lang • *certare* = streiten, kämpfen

---

5 Hannibale duce
dux = Führer

6 patre mortuo
pater = Vater • *mortuus* = tot

7 Augusto vivo
vivus = lebendig

8 deo teste
testis = Zeuge

9 natura docente
docere = lehren

10 causa inventa
invenire = finden • *causa* = Grund

11 vindice nullo
vindex = Rächer

12 nullo cogente
cogere = zwingen

13 Saturno misso
mittere = senden

Nur für Perfektionisten:

- Manchmal wird das **Substantiv** (Hauptwort) **im AA weggelassen,** wenn es nach dem AA (z. B. in einem Relativsatz) sowieso erklärt wird:

  Dux copias flumen traiecit praemissis (...), qui ...
  Der Führer setzte die Truppen über den Fluss, nachdem (irgendwelche Leute) vorausgeschickt worden waren, die ...

- Das **Partizip Futur** (Abl.: *laudaturo, laudatura, laudaturis*) taucht im AA äußerst selten auf. Übersetzung: als ... im Begriff war(en) zu loben ...:

  Hannibale exercitum in Hispaniam traiecturo ...
  Als Hannibal im Begriff war, sein Heer nach Spanien überzusetzen ...

Übung 10

In den folgenden Texten werden wir üben, den AA im Text zu erkennen.

➡ Lösung S. 120

Wie erkennst du den AA im Text?

Wenn dir nach dem Knacken des Satzes Wörter übrig bleiben, dann einfach ausprobieren, ob die Übersetzung dieser Wörter als AA sinnvoll ist. Diese Wörter hängen nicht mit der Konstruktion des restlichen Satzes zusammen, sie sind von ihm „losgelöst". „Losgelöst" heißt *absolutus*, daher heißt AA: von der Konstruktion des restlichen Satzes losgelöst, nicht mit ihm verbunden.

Wo könnte(n) im folgenden Text ein (oder mehrere?) AA sein?

Hoc proelio trans Rhenum nuntiato, Suebi, qui ad ripas Rheni venerant, domum reverti coeperunt; quos ubi qui proximi Rhenum incolunt perterritos senserunt, insecuti magnum ex iis numerum occiderunt. Caesar una aestate duobus maximis bellis confectis maturius paulo quam tempus anni postulabat in hiberna in Sequanos exercitum deduxit; hibernis Labienum praeposuit; ipse in citeriorem Galliam ad conventus agendos profectus est.

Wie gehst du vor?

Zuerst zerlegst du den Text in einzelne Sätze. Die Wörter mit möglichen Ablativendungen unterstreichst du:

Hoc proelio trans Rhenum nuntiato, Suebi, qui ad ripas Rheni venerant, domum reverti coeperunt;

1 Kommt etwas als AA in Frage?

____

quos ubi qui proximi Rhenum incolunt perterritos senserunt, insecuti magnum ex iis numerum occiderunt.

2 Kommt etwas als AA in Frage?

____

Caesar una aestate duobus maximis bellis confectis maturius paulo quam tempus anni postulabat in hiberna in Sequanos exercitum deduxit;

3 Kommt etwas als AA in Frage?

____

____

hibernis Labienum praeposuit; ipse in citeriorem Galliam ad conventus agendos profectus est.

4 Kommt etwas als AA in Frage?

____

5 Unterstreiche alle AA in diesem Kapitel aus Cäsars Gallischem Krieg (I, 40)

Haec cum animadvertisset, convocato consilio omniumque ordinum ad id consilium adhibitis centurionibus, vehementer eos incusavit: primum, quod aut quam in partem aut quo consilio ducerentur sibi quaerendum aut cogitandum putarent. Ariovistum se consule cupidissime populi Romani amicitiam adpetisse; cur hunc tam temere quisquam ab officio discessurum iudicaret? Sibi quidem persuaderi cognitis suis postulatis atque aequitate condicionum perspecta eum neque suam neque populi Romani gratiam repudiaturum. Quod si furore atque amentia impulsus bellum intulisset, quid tandem vererentur? Aut cur de sua virtute aut de ipsius diligentia desperarent? Factum eius hostis periculum patrum nostrorum memoria Cimbris et Teutonis a C. Mario pulsis [cum non minorem laudem exercitus quam ipse imperator meritus videbatur]; factum etiam nuper in Italia servili tumultu, quos tamen aliquid usus ac disciplina, quam a nobis accepissent, sublevarent. Ex quo iudicari posse quantum haberet in se boni constantia, propterea quod quos aliquam diu inermes sine causa timuissent hos postea armatos ac victores superassent. Denique hos esse eosdem Germanos quibuscum saepe numero Helvetii congressi non solum in suis sed etiam in illorum finibus plerumque superarint, qui tamen pares esse nostro exercitui non potuerint. Si quos adversum proelium et fuga Gallorum commoveret, hos, si quaererent, reperire posse diuturnitate belli defatigatis Gallis Ariovistum, cum multos menses castris se ac paludibus tenuisset neque sui potestatem fecisset, desperantes iam de pugna et dispersos subito adortum magis ratione et consilio quam virtute vicisse. Quod non fore dicto audientes neque signa laturi dicantur, nihil se ea re commoveri: scire enim, quibuscumque exercitus dicto audiens non fuerit, aut male re gesta fortunam defuisse aut aliquo facinore comperto avaritiam esse convictam.

Fertig! Den *Ablativus absolutus* kannst du!

Auch für das *Participium coniunctum* gibt es ein eigenes Kapitel (▷ Seite 84).

B Gerund(ium)

Du kannst dieses Kapitel auf zwei Arten bearbeiten:

- Wenn dir das Gerund noch etwas rätselhaft ist, dann beginne mit dieser Seite und arbeite das Kapitel ganz durch.
- Wenn du das Gerund schon beherrschst und nur Übungsmaterial suchst, dann beginne mit Übung 3.

In diesem Kapitel wirst du lernen, das Gerund (= Gerundium) zu beherrschen. Du wirst dich erinnern,

- wie ein Gerund aussehen kann;
- und du wirst in Übungsbeispielen das Gerund übersetzen lernen.

Bearbeite die Aufgaben schriftlich. Trenne jetzt die entsprechenden Seiten aus dem Lösungsteil heraus und überprüfe deine Antworten damit. So gehst du sicher, dass du die ersten Schritte auch richtig machst.

Übung 1

➡ Lösung S. 122

Wie sieht das Gerund aus?

Wenn du weißt, wie man z. B. *templum* (der Tempel, Neutrum) dekliniert, ist schon fast alles gewonnen. Versuche es mal:

1. Fall *templum* ____________________

2. Fall ____________________

3. Fall ____________________

4. Fall ____________________

6. Fall ____________________

Wenn du aus einem Verb (Tätigkeitswort) ein Substantiv (Hauptwort) machen willst, schreibst du es im Deutschen einfach groß und setzt den Artikel davor: „kämpfen“ wird zu „das Kämpfen“.

Im Lateinischen benutzt du für den Nominativ (das Kämpfen) einfach den Infinitiv („kämpfen"):

pugnare (kämpfen) = *pugnare* (das Kämpfen).

Für die anderen Fälle wird als **Erkennungsmerkmal** *-nd-* eingefügt. Die Endungen des 2., 3., 4. und 6. Falles vom neuen Hauptwort *pugnare* (das Kämpfen) heißen wie bei *templum*:

Übung 2

➡ Lösung S. 122

Dekliniere *pugnare* und „Kämpfen":

1.	*pugnare*	*das Kämpfen*
2.	______________	______________
3.	______________	______________
4.	______________	______________
6.	______________	______________

Also: *pugna* + *nd* + die Endungen von *templum*!

Vorsicht: *-nd-* ist das Kennzeichen für Gerund und Gerundiv!

Das Gerund gibt es nur im Singular (oder kannst du „das Kämpfen" in den Plural setzen?).

Übung 3

➡ Lösung S. 122

Übersetze die folgenden Gerundien.

Meistens kann man das Gerund als deutschen Infinitiv (Grundform des Verbs) übersetzen: *pugnare* = (zu) kämpfen

1 studium pugnandi
studium = Eifer • *pugnare* = kämpfen

____

Wenn du „Eifer zu kämpfen" oder „Eifer des Kämpfens" geschrieben hast, bist du auf dem richtigen Weg, aber noch nicht ganz am Ziel: ein besserer Ausdruck ist „Kampfeslust".

2 occasio fugiendi
occasio = Gelegenheit • *fugere* = fliehen

____

3 prudenter agendo
prudenter = klug • *agere* = handeln

____

4 bellandi cupidus
bellare = Krieg führen • *cupidus* = begierig

____

5 ad proficiscendum
ad = zu • *proficisci* = abreisen, aufbrechen

____

6 causa peccandi
causa = Grund • *peccare* = sündigen

____

7 ad deliberandum
ad = zu • *deliberare* = nachdenken, überlegen

---

8 colloquendi causa
causa = Grund • *colloqui* = miteinander sprechen, verhandeln

---

9 modus vivendi
modus = Art • *vivere* = leben

---

10 speculandi causa
speculari = spionieren • *causa* = wegen

Übung 4

➡ Lösung S. 123

Jetzt kommt ein weiteres Wort (oder zwei) dazu (und einige Gerundive):

1 sui muniendi causa
sui = sich • Vorsicht: *causa* kann auch „wegen" heißen und den Genitiv nach sich haben • *munire* = schützen

---

2 non cunctando sed agendo
cunctari = zögern • *agere* = handeln

---

3 facultas iter faciendi
facultas = Möglichkeit • *iter* = Reise, Marsch • *facere* = machen

---

4 finem orandi facere
finis = Ende, Grenze • *orare* = bitten • *facere* = machen

---

5 sui opprimendi causa
sui = ihn • *opprimere* = bekämpfen • *causa* = wegen

---

6 ad occupandum Vesontionem
ad = zu • *occupare* = besetzen • *Vesontio* = eine Stadt in Gallien

---

7 ad ducendum bellum
ad = zu • *ducere* = hier: in die Länge ziehen • *bellum* = Krieg

---

8 cupiditas belli gerendi
cupiditas = Begierde • *bellum* = Krieg • *gerere* = (aus)führen

---

9 paratissimus ad bellum gerendum
paratus = bereit • *bellum* = Krieg • *gerere* = (aus)führen

---

10 iusta causa postulandi
iustus = gerecht • *causa* = Grund • *postulare* = fordern

---

11 ad se oppugnandum venire
ad = zu • *se* = ihn • *oppugnare* = bekämpfen • *venire* = kommen

---

12 hostibus potestatem pugnandi facere
hostis = Feind • *potestas* = Gelegenheit • *pugnare* = kämpfen • *facere* = hier: geben

---

13 finem loquendi fecit
finis = Ende • *loqui* = sprechen • *facere* = machen

---

14 spatium pila coniciendi
spatium = Raum • *pilum* = Speer • *conicere* = werfen

15 necessitas obsides dandi
necessitas = Notwendigkeit • *obsides* = Geiseln • *dare* = stellen, geben

16 animus in consulendo liber
animus = Geist, Sinn • *consulere* = beraten • *liber* = frei

Das war's! Das Gerund kannst du jetzt.

Als nächstes Kapitel solltest du dir das Gerundiv vornehmen.

C Gerundiv

Du kannst dieses Kapitel auf zwei Arten für dich nutzen:

- Wenn dir das Gerundiv noch ein wenig rätselhaft ist, dann beginne mit dieser Seite und arbeite das Kapitel vollständig durch.
- Wenn du das Gerundiv schon beherrschst und nur Übungsmaterial suchst, dann beginne mit Übung 2.

Wir gehen in drei Schritten vor:

1. Du wirst dich erinnern, wie ein Gerundiv aussehen kann, also wie man es erkennt.
2. Du wirst dich erinnern, wie man es übersetzt.
3. Aber vor allem kannst du üben, bis du das Gerundiv beherrschst.

Gerund(ium) und Gerundiv sind verwandt. Die Endungen des Gerunds kennst du wahrscheinlich noch. Wenn nicht, empfehle ich dir dringend zunächst eine kleine Wiederholung im Kapitel 2 über das Gerund (Übungen 1 und 2). Das Gerund ist ein Substantiv, das aus einem Verb produziert wurde.

Manchmal machen die Römer aus einem Verb auch ein Eigenschaftswort (Adjektiv):

Beispiel: das Verb

amare	wird zum Adjektiv	*amandus, amanda, amandum*
lieben	wird zum Adjektiv	liebenswert

Das nennen wir Gerundiv. Du erkennst die Verwandtschaft mit dem Gerund an den Buchstaben ***-nd-***.

amandus, -a, -um	= liebenswert
	= jemand, der geliebt werden muss

Aus dem Verb *amare* ist also ein Adjektiv geworden, das mit verschiedenen Endungen auftaucht.

Wenn du die Adjektivendungen beherrschst, kannst du die folgende Übung überspringen. Wenn nicht:

Übung 1

Die Endungen des Gerundivs. Wie sehen die aus? Du kennst sie schon alle, wenn du weißt, wie man *bonus, bona* und *bonum* dekliniert, im Singular und im Plural.

➡ Lösung S. 124

Es ist wichtig, dass du die Übungen schriftlich machst. Die Lösungen findest du im Anhang dieses Buchs. Trenne die entsprechenden Seiten heraus, lege sie neben dein Heft und vergleiche jede Lösung gleich im Anschluss an die Übung.

Zuerst der Singular:

1. Fall	*bonus*	*bona*	*bonum*
2. Fall	______	______	______
3. Fall	______	______	______
4. Fall	______	______	______
6. Fall	______	______	______

Jetzt der Plural:

1. Fall	*bon-i*	*bon-ae*	*bon-a*
2. Fall	______	______	______
3. Fall	______	______	______
4. Fall	______	______	______
6. Fall	______	______	______

Das **Gerund** kennt nur die **Singular**endungen des Maskulinums bzw. Neutrums. Sobald du also eine **Plural**endung **mit *-nd-*** vorfindest, ist dies eine **Gerundiv**-Endung! Auch **Feminin-Endungen** sind sicher **Gerundiv-Endungen**!

Also: *pugnando* kann Gerund oder Gerundiv sein;
aber: *conficienda* kann nur Gerundiv sein.

Übung 2

➡ Lösung S. 124

Unterstreiche im folgendem Text alle Gerundformen und alle Gerundivformen:

Indictis inter se principes Galliae conciliis silvestribus ac remotis locis queruntur de Acconis morte; posse hunc casum ad ipsos recidere demonstrant: miserantur communem Galliae fortunam: omnibus pollicitationibus ac praemiis deposcunt qui belli initium faciant et sui capitis periculo Galliam in libertatem vindicent.
In primis rationem esse habendam dicunt, priusquam eorum clandestina consilia efferantur, ut Caesar ab exercitu intercludatur.
Cognito eius consilio ad arma concurritur. Prohibetur ab Gobannitione, patruo suo, reliquisque principibus, qui hanc temptandam fortunam non existimabant; expellitur ex oppido Gergovia; non destitit tamen atque in agris habet dilectum egentium ac perditorum.
Vercingetorix tot continuis incommodis Vellaunoduni, Cenabi, Novioduni acceptis suos ad concilium convocat. Docet longe alia ratione esse bellum gerendum atque antea gestum sit. Omnibus modis huic rei studendum, ut pabulatione et commeatu Romani prohibeantur. Id esse facile, quod equitatu ipsi abundent et quod anni tempore subleventur. Pabulum secari non posse; necessario dispersos hostes ex aedificiis petere: hos omnes cotidie ab equitibus deligi posse. Praeterea salutis causa rei familiaris commoda neglegenda: vicos atque aedificia incendi oportere hoc spatio ab via quoque versus, quo pabulandi causa adire posse videantur. Harum ipsis rerum copiam suppetere, quod, quorum in finibus bellum geratur, eorum opibus subleventur: Romanos aut inopiam non laturos aut magno periculo longius ab castris processuros; neque interesse, ipsosne interficiant, impedimentisne exuant, quibus amissis bellum geri non possit. Praeterea oppida incendi oportere, quae non munitione et loci natura ab omni sint periculo tuta, neu suis sint ad detractandam militiam receptacula neu Romanis proposita ad copiam commeatus praedamque tollendam.

Acht Formen solltest du finden. Vergleiche deine Lösung mit der im Anhang!

Übung 3

Jetzt üben wir das Übersetzen des Gerundivs:

➡ Lösung S.124/5

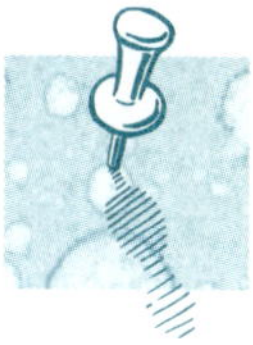

In Verbindung mit einer Form von *esse* (= sein) bedeutet das Gerundiv ein Müssen, Sollen oder, verneint (wie bei *must not* im Englischen), ein Nichtdürfen.

Das Gerundiv bedeutet also meist, dass etwas gemacht werden soll / muss oder – wenn es verneint ist – nicht gemacht werden darf / soll / kann.

Das Gerundiv drückt also auch ein Passiv aus (gemacht werden).

res conficienda est = die Sache **muss** erledigt **werden**.

1 res conficienda
res = Sache / Angelegenheit • *conficere* = erledigen

___

2 adulescens laudandae virtutis
adulescens = junger Mann • *laudare* = loben • *virtus* = Tüchtigkeit

___

3 ad conventus agendos
conventus = Gerichtstag(e) • *agere* = tun, durchführen, hier: abhalten

___

4 ad omnia pericula subeunda
omnia = alle • *periculum* = Gefahr • *subire* = auf sich nehmen, akzeptieren

___

5 ad effeminandos animos
effeminare = verweichlichen • *animus* = Herz, Geist

___

6 ad minuendam gratiam
minuere = vermindern • *gratia* = Ansehen

___

7 Galliae oppugnandae causa

Gallia = Gallien • *oppugnare* = bekämpfen • *causa* = wegen

8 causa consiliorum tuorum reprimendorum

causa = wegen • *consilium* = Plan • *tuus* = dein • *reprimere* = abwehren

9 difficultas urbis defendendae

difficultas = Schwierigkeit • *urbs* = Stadt • *defendere* = verteidigen

10 Carthago est delenda

Carthago = Karthago • *delere* = zerstören

Die beiden folgenden Sprichwörter solltest du auswendig können:

11 pacta sunt servanda

pactum = Vertrag • *servare* = einhalten

12 de gustibus non est disputandum

gustus = Geschmack • *disputare* = diskutieren

13 non conferendus est Gallicus ager cum Germanorum

conferre = vergleichen • *Gallicus* = gallisch • *ager* = Boden • *Germani* = Germanen

14 non comparanda est haec consuetudo victus cum illa

comparare = vergleichen • haec = diese • *consuetudo victus* = Lebensweise • *illa* = jene

Wenn ein Täter genannt ist, steht er im Dativ: *Tibi laborandum est.*
Tibi ist Dativ, also der Täter.
Im Deutschen steht der Täter im Nominativ: Es muss von **dir** gearbeitet werden = **Du** musst arbeiten.

15 Omnibus Gallis est idem faciendum, quod Helvetii fecerunt
omnes = alle • *Galli* = Gallier • *idem* = dasselbe • *facere* = tun • *quod* = was • *Helvetii* = Helvetier

16 deliberandum est
deliberare = überlegen

17 maturandum est
maturare = (sich) beeilen

18 longius prodeundum erat
longius = länger, weiter • *prodire* = vorrücken

19 celerius recipiendum erat
celerius = schneller • *recipere* = sich zurückziehen

20 pontem faciendum curat
pons = Brücke • *facere* = machen • *curare* = sorgen (für)

21 librum legendum mitto tibi
liber = Buch • *legere* = lesen • *mittere* = schicken • *tibi* = dir

22 rei frumentariae prospiciendum existimat
res frumentaria = Getreideversorgung • *prospicere* = sich um etwas kümmern • *existimare* = glauben

---

23 ei praecavendum est
ei = ihm • *praecavere* = verhüten

---

24 sibi quaerendum est
sibi = ihm / ihnen • *quaerere* = fragen

Jetzt müsste es schon leichter gehen:

25 sibi cogitandum est
sibi = ihm / ihnen • *cogitare* = denken

---

26 committendum non putabat
committere = zulassen • *putare* = meinen

---

27 concedendum esse non putabat
concedere = zugestehen, erlauben • *putare* = meinen

---

28 Caesar non exspectandum statuit.
exspectare = (ab)warten • *statuere* = beschließen

---

29 amicitiam parare dandis beneficiis
amicitia = Freundschaft • *parare* = erwerben • *dare* = geben • *beneficium* = Wohltat

---

30 res publica nobis gerenda est

res publica = Staat • *nobis* = uns • *gerere* = leiten

---

31 Ei gratia habenda est.

ei = ihm • *gratia* = Dank • *habere* = haben, abstatten

---

32 de sociis defendendis agere

de = über • *socius* = Bundesgenosse • *defendere* = verteidigen • *agere* = verhandeln

---

33 Galli sunt mobiles in consiliis capiendis.

Galli = Gallier • *mobilis* = wankelmütig • *consilium* = Plan • *capere* = fassen

---

34 arrogantia eius toleranda non est

arrogantia = Anmaßung • *eius* = dieses • *tolerare* = ertragen

---

35 superstitione tollenda non tollitur religio

superstitio = Aberglauben • *tollere* = beseitigen • *religio* = Religion

---

36 Caesar Rhenum sibi transeundum censuit.

Rhenus = Rhein • *sibi* = ihm, sich • *transire* = überschreiten • *censere* = meinen

---

Fertig. Das Gerundiv kannst du! Blickst du auch beim Gerund so gut durch?
Falls nicht, hilft dir das Kapitel B weiter.

D Hauptsätze

Wer mit dem Auto von Hamburg nach Rom fahren will und weder den Weg kennt, noch auf die Straßenkarte schaut, noch sich um Hinweise kümmert, also ohne System fährt, der wird lange unterwegs sein.

Wer ohne System versucht, lange lateinische Sätze zu übersetzen, der dürfte auch (zu) lange unterwegs sein. Ob er je bei einer richtigen Übersetzung ankommt, ist sehr zu bezweifeln.

Gibt es ein System, das einem den Weg durch lateinische Mammutsätze zeigt?
– Ja. Du kennst es schon.

Lässt es sich üben?
– Ja.

Mit überschaubarem Zeitaufwand?
– Ja.

Der Aufwand ist deshalb nicht so groß, weil du viele Teile des Systems schon kennst, allerdings vielleicht ohne sie bisher als Gesamtsystem anzuwenden. Das werden wir jetzt ändern.

Wie werden wir vorgehen?

Es ist wichtig, dass du keine der folgenden Übungen auslässt. Wir fangen zwar ganz einfach an. Aber du wirst alles, was wir tun, bei späteren Übungsteilen brauchen.

- Wir werden im ersten Teil üben, den Hauptsatz zu erkennen.
- Danach werden wir uns kurz mit den Teilen des Hauptsatzes beschäftigen.
- Danach folgen Übersetzungsübungen.

Wenn du das geschafft hast, kannst du in einem anderen Kapitel die Übersetzung der Nebensätze anpacken.

Es geht los!

Du hast gelernt, dass man in einer lateinischen **Satzperiode** (= Satzgefüge, das aus Hauptsatz bzw. Hauptsätzen und Nebensatz bzw. Nebensätzen besteht) zuerst den Hauptsatz (oder die Hauptsätze) übersetzt.

Vergleiche deine Ergebnisse sofort mit den Lösungen im Anhang. Und vergiss nicht, die Übungen schriftlich zu machen. Du hast mehr davon.

Übung 1

➡ Lösung S. 127

Woran erkennt man einen Hauptsatz?

Du hast gelernt, dass man einen Hauptsatz (HS) daran erkennt, dass er für sich und ohne weitere Zusätze einen Sinn ergibt. Leider nützt dir diese Regel zunächst überhaupt nichts. Da du den Satz noch nicht übersetzt hast, weißt du natürlich nichts von seinem „Sinn". Diese Regel ist also erst nach dem Übersetzen anwendbar.

1 Gibt es noch andere Merkmale zum Erkennen des Hauptsatzes? Welche?

2 Wo ist in folgendem Satzgefüge der Indikativ?

Si bello persequi perseveraret, reminisceretur pristinae virtutis Helvetiorum.

3 Und wo ist hier der Indikativ?

Nisi Alexander essem, vellem esse Diogenes.

4 Woran erkennen wir, dass *reminisceretur* und *vellem* die Verben der Hauptsätze sind?

Den Hauptsatz findet man also, wenn man alle Nebensätze (NS) wegstreicht. Was übrig bleibt, ist der Hauptsatz.

5 Woran erkennt man Nebensätze?

6 Welche Wörter leiten Nebensätze ein?

___

Nebensätze erkennt man an ihren Nebensatz-Kennzeichen-Wörtern. Was das ist? Schaue einfach auf dem folgenden Merkzettel nach.

Kurze Wiederholung: Wörter, die Nebensätze einleiten können

Relativpronomina:
qui, quae, quod und ihre Formen
= welcher …

Fragewörter:
quare = warum
quid = was
quot = wie viel(e)

Unterordnende Konjunktionen:
si, nisi = wenn (nicht)
(praesertim) cum
= wenn, als, (zumal) da, obwohl, indem
(Achtung: nicht *cum = mit = Präposition!)*
(propterea) quod
= (deswegen) weil, dass
ut(i), ne = dass (nicht), wie
quoniam = da ja
dum = solange bis
ubi = als

Übung 2

➡ Lösung S. 127

1 Streiche im folgenden Text alle Nebensätze durch. Was bleibt übrig?

Ubi se diutius duci intellexit et diem instare, quo die frumentum militibus metiri oporteret, convocatis eorum principibus, quorum magnam copiam in castris habebat, in his Diviciaco et Lisco, qui summo magistratui praeerat, quem vergobretum appellant Haedui, qui creatur annuus et vitae necisque in suos habet potestatem, graviter eos accusat, quod, cum neque emi neque ex agris sumi possit, tam necessario tempore, tam propinquis hostibus ab iis non sublevetur, praesertim cum magna ex parte eorum precibus adductus bellum susceperit; multo etiam gravius, quod sit destitutus, queritur.

2 Streiche im folgenden Text alle Nebensätze durch. Was bleibt übrig?

Das **Komma** ist für unser Übersetzen ein besonders wichtiges Signal.

Eodem die ab exploratoribus certior factus hostes sub monte consedisse milia passuum ab ipsius castris octo, qualis esset natura montis et qualis in circuitu ascensus, qui cognoscerent, misit. De tertia vigilia T. Labienum, legatum pro praetore, cum duabus legionibus et iis ducibus, qui iter cognoverant, summum iugum montis ascendere iubet; quid sui consilii sit, ostendit. Ipse de quarta vigilia eodem itinere, quo hostes ierant, ad eos contendit equitatumque omnem ante se mittit. P. Considius, qui rei militaris peritissimus habebatur et in exercitu L. Sullae et postea in M. Crassi fuerat, cum exploratoribus praemittitur.

Du siehst, ganz so einfach ist das nicht. Man sieht zwar bei einigen Satzteilen deutlich, dass sie zu einem Nebensatz gehören, doch ist man sich nicht bei allen Teilen sicher.

Im folgenden Satz sind die Kommas ausgelassen worden. Erkennst du jetzt, wie nützlich sie sind?

3 Setze Kommas an den passenden Stellen. Übersetzen musst du den Satz nicht.

In eo itinere persuadet Castico Catamantaloedis filio Sequano cuius pater regnum in Sequanis multos annos obtinuerat ut regnum in civitate sua occuparet quod pater ante habuerit.

Auch bestimmte Wörter helfen uns. Genauer gesagt, die **Stellung** mancher Wörter. Die Wörter, die Nebensätze einleiten, stehen (meistens) **am Anfang des Nebensatzes**.

4 Welche Wörter können signalisieren, dass ein Nebensatz beginnt?

---

5 Unterstreiche die Wörter, die Nebensätze kennzeichnen:

In eo itinere persuadet Castico, Catamantaloedis filio, Sequano, cuius pater regnum in Sequanis multos annos obtinuerat et a senatu populi Romani amicus appellatus erat, ut regnum in civitate sua occuparet, quod pater ante habuerit.

6 Was ist dann also der Hauptsatz?

---

7 Streiche die Nebensätze in folgender Satzperiode weg:

Faciam, quod vultis, ut potero, et ingrediar in disputationem ea lege, qua credo omnibus in rebus disserendis utendum esse, si errorem velis tollere ...

Wie lautet der Hauptsatz?

---

8 Streiche die Nebensätze in folgender Satzperiode weg:

Cum ad has suspiciones certissimae res accederent, quod per fines Sequanorum Helvetios traduxisset, quod obsides inter eos dandos curasset, quod ea omnia non modo iniussu suo et civitatis sed etiam inscientibus ipsis fecisset, quod a magistratu Haeduorum accusaretur, satis esse causae arbitrabatur, quare in eum aut ipse animadverteret aut civitatem animadvertere iuberet.

Wie lautet der Hauptsatz?

---

9 Streiche die Nebensätze in folgender Satzperiode weg:

Ob eam rem placuit ei, ut ad Ariovistum legatos mitteret, qui ab eo postularent, uti aliquem locum medium utrisque conloquio deligeret.

Wie lautet der Hauptsatz?

___

10 Streiche die Nebensätze in folgender Satzperiode weg:

Id ea maxime ratione fecit, quod noluit eum locum, unde Helvetii discesserant, vacare, ne propter bonitatem agrorum Germani, qui trans Rhenum incolunt, ex suis finibus in Helvetiorum fines transirent et finitimi Galliae provinciae Allobrogibusque essent.

Wie lautet der Hauptsatz?

___

Der Nebensatz im Nebensatz

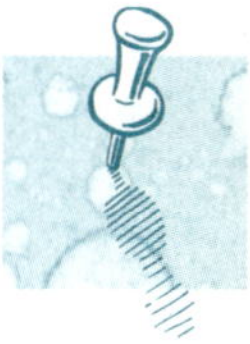

Vielleicht ist dir aufgefallen, dass der Nebensatz *quod noluit eum locum … vacare* unterbrochen ist. In diesen Nebensatz ist ein weiterer Nebensatz eingeschoben: *unde Helvetii discesserant*.

Das machen wir im Deutschen auch: „Wenn du, **nachdem du mit diesem Satz fertig bist**, den nächsten anpackst, …"

Wie gehst du beim Übersetzen vor?

Unterstreiche die Konjunktion des Nebensatzes und suche dann das nächste Verb. Kommt vor dem nächsten Verb eine weitere Nebensatz-Konjunktion, musst du mit einem eingeschobenen Nebensatz rechnen.

11 Streiche die Nebensätze in folgender Satzperiode weg:

Caesar vehementer commotus maturandum sibi existimavit, ne, si nova manus Sueborum cum veteribus copiis Ariovisti sese coniunxisset, minus facile resisti posset.

Wie lautet der Hauptsatz?

____

Wie lautet der eingeschobene Nebensatz?

____

____

12 Streiche die Nebensätze in folgender Satzperiode weg:

Ubi eo ventum est, Caesar initio orationis sua senatusque in eum beneficia commemoravit, quod rex appellatus esset a senatu, quod amicus, quod munera amplissime missa.

Wie lautet der Hauptsatz?

____

____

13 Streiche die Nebensätze in folgender Satzperiode weg:

Bello Punico secundo, quo dux Carthaginiensium Hannibal post magnitudinem nominis Romani Italiae opes maxume adtriverat, Massinissa, rex Numidarum, in amicitiam receptus a P. Scipione, cui postea Africano cognomen ex virtute fuit, multa et praeclara rei militaris facinora fecerat.

Wie lautet der Hauptsatz?

____

____

Wenn du den Hauptsatz jetzt sicher erkennst, kannst du einen Schritt weitergehen:

Wie übersetzt man einen Hauptsatz?

Dafür muss man seine Satzteile kennen:

Die Satzteile eines Hauptsatzes

Der Hauptsatz besteht aus **Satzteilen**, von denen du wenigstens die wichtigsten kennen solltest:

Subjekt, Prädikat, Objekt
Das **Subjekt** (Satzgegenstand) ist meistens ein Substantiv (Hauptwort) im Nominativ (1. Fall): ***Caesar ...***

Das **Prädikat** ist meistens ein Verb (Tätigkeitswort) und passt in seiner Form (Endung) zum Subjekt: *Caesar* ***instruxit***

Das **Objekt** ist das Ziel der Handlung und meistens ein Substantiv (Hauptwort). Oft steht es im Akkusativ; doch auch andere Fälle tauchen auf, nicht jedoch der Nominativ: **Caesar *aciem* instruxit**

Subjekt, Prädikat und Objekt finden sich sowohl in Hauptsatz als auch in Nebensatz.
Im Nebensatz kommt in der Regel noch die Konjunktion hinzu, die den Nebensatz einleitet.

Achtung: Nicht jeder Hauptsatz (und Nebensatz) hat alle Satzteile! (Oft fehlt z. B. das Subjekt: „er" oder „ich", wenn es im Verb enthalten ist.)

Wie geht man also vor?

14 Zunächst ermittelst du den oder die HS durch Wegstreichen der Nebensätze:

Dum paucos dies ad Vesontionem rei frumentariae commeatusque causa moratur, ex percontatione nostrorum vocibusque Gallorum ac mercatorum, qui ingenti magnitudine corporum Germanos, incredibili virtute atque exercitatione in armis esse praedicabant (saepe numero sese cum his congressos ne vultum quidem atque aciem oculorum dicebant ferre potuisse), tantus subito timor omnem exercitum occupavit, ut non mediocriter omnium mentes animosque perturbaret.

15 Du beginnst mit der Ermittlung

des **Prädikats**, i. d. R. des Verbs: ____________________

danach des **Subjekts**: ____________________

danach des **Akkusativ-Objekts**: ____________________

danach **der restlichen Teile des Hauptsatzes**:

____

16 Jetzt übersetzt du den Hauptsatz:

____

____

17 Danach überprüfst du, ob es noch (einen) weitere(n) HS gibt.

■ Ja oder ■ nein?

18 Zunächst ermittelst du den oder die HS durch Wegstreichen der Nebensätze:

Horum omnium fortissimi sunt Belgae, propterea quod a cultu atque humanitate provinciae longissime absunt, minimeque ad eos mercatores saepe commeant atque ea quae ad effeminandos animos pertinent important, proximique sunt Germanis, qui trans Rhenum incolunt, quibuscum continenter bellum gerunt.

Denke daran, dass die Konjunktion *et = -que = atque* beiordnet, das heißt Sätze gleicher Ordnung miteinander verbindet, also Hauptsatz mit Hauptsatz oder Nebensatz mit Nebensatz.

19 Du beginnst mit der Ermittlung

des **Prädikats**, i. d. R. des Verbs: ______________________

danach des **Subjekts**: ______________________

danach des **Akkusativ-Objekts**: ______________________

danach **der restlichen Teile des Hauptsatzes**:

____

20 Jetzt übersetzt du den Hauptsatz:

____

____

21 Danach überprüfst du, ob es noch (einen) weitere(n) HS gibt.

■ Ja oder ■ nein?

22 Zunächst ermittelst du den oder die HS durch Wegstreichen der Nebensätze:

Quid est, Catilina, quod iam amplius exspectes, si neque nox tenebris obscurare coetus nefarios nec privata domus parietibus continere voces coniurationis tuae potest, si inlustrantur, si erumpunt omnia?

23 Du beginnst mit der Ermittlung

des **Prädikats**, i. d. R. des Verbs: ______________________

danach des **Subjekts**: ______________________

danach des **Akkusativ-Objekts**: ______________________

danach **der restlichen Teile des Hauptsatzes**:

____

24 Jetzt übersetzt du den Hauptsatz:

____

25 Danach überprüfst du, ob es noch (einen) weitere(n) HS gibt.

■ Ja oder ■ nein?

26 Zunächst ermittelst du den oder die HS durch Wegstreichen der Nebensatzes:

Labienus, ut erat ei praeceptum a Caesare, ne proelium committeret, nisi ipsius copiae prope hostium castra visae essent, ut undique uno tempore in hostes impetus fieret, monte occupato nostros exspectabat proelioque abstinebat.

27 Du beginnst mit der Ermittlung

des **Prädikats**, i. d. R. des Verbs: ______________________________

danach des **Subjekts**: ______________________________

danach des **Akkusativ-Objekts**: ______________________________

danach **der restlichen Teile des Hauptsatzes**:

____

28 Jetzt übersetzt du den Hauptsatz:

____

____

29 Danach überprüfst du, ob es noch (einen) weitere(n) HS gibt.

■ Ja oder ■ nein?

30 Zunächst ermittelst du den oder die HS durch Wegstreichen der Nebensätze:

Gallis magno ad pugnam erat impedimento, quod pluribus eorum scutis uno ictu pilorum transfixis et conligatis, cum ferrum se inflexisset, neque evellere neque sinistra impedita satis commode pugnare poterant, ut multi diu iactato bracchio praeoptarent scutum manu emittere et nudo corpore pugnare.

31 Du beginnst mit der Ermittlung
des **Prädikats**, i. d. R. des Verbs: ______________________

danach des **Subjekts**: ______________________

danach des **Akkusativ-Objekts**: ______________________

danach **der restlichen Teile des Hauptsatzes**:

____

32 Jetzt übersetzt du den Hauptsatz:

____

____

33 Danach überprüfst du, ob es noch (einen) weitere(n) HS gibt.

■ Ja oder ■ nein?

Die Vorgehensweise müsstest du jetzt im Schlaf können. Darum machen wir jetzt ohne Wegweiser weiter.

Übung 3

➡ Lösung S. 128

Bestimme und übersetze in folgenden Sätzen die Hauptsätze.

1 Decrevit quondam senatus, ut L. Opimius consul videret, ne quid res publica detrimenti caperet.

2 In castris Helvetiorum tabulae repertae sunt litteris Graecis confectae et ad Caesarem relatae, quibus in tabulis nominatim ratio confecta erat, qui numerus domo exisset eorum, qui arma ferre possent, et item separatim, quot pueri senes mulieresque.

3 Horum vocibus ac timore paulatim etiam ii, qui magnum in castris usum habebant, milites centurionesque quique equitatui praeerant, perturbabantur.

4 Quoniam id, quod est primum et quod huius imperii disciplinaeque maiorum proprium est, facere nondum audeo, faciam id, quod est ad severitatem lenius, ad communem salutem utilius.

____

____

5 Si, ut Graeci dicunt, omnes aut Graios esse aut barbaros, vereor, ne (Romulus) barbarorum rex fuerit.

____

____

Wenn das auch geklappt hat, dann kannst du mit Hauptsätzen sicher umgehen.

Wie gut beherrschst du eigentlich die *Oratio obliqua*? In Kapitel G kannst du es herausfinden.

E Indirekte Fragesätze

Ohne Nebensätze wären lateinische Texte sicher einfacher zu übersetzen. Leider bestehen viele lateinische Texte aus **Satzperioden.** Lange Satzperioden (Satzgefüge) sind im Lateinischen sogar eher die Regel als die Ausnahme. Sie bestehen aus einem oder mehreren Hauptsätzen (HS) und (einem oder) mehreren Nebensätzen (NS).

Beim Übersetzen einer Satzperiode gehen wir zunächst vom Hauptsatz (HS) aus (▷ Kapitel D Hauptsätze). Jetzt aber zu den Nebensätzen (Gliedsätzen).

Es gibt folgende Nebensatzarten

- **Relativsätze:** Sie werden mit einem Relativpronomen eingeleitet (*quos* = welche): „Er schickte Gesandte, die / welche meldeten ..."
- **Konjunktionale Nebensätze:** Sie werden mit einer Konjunktion eingeleitet (z. B. *ut* = dass): „Er beschloss, dass es am besten wäre, wenn ..."
- **Indirekte Fragesätze:** Sie werden mit einem Fragewort eingeleitet (*quid* = was). Im Deutschen beginnen sie oft mit „ob" oder mit „warum, was, wann": „Er fragte, wann der Zug abfährt."

Die Verben der NS können im Indikativ (Wirklichkeitsform des Verbs, z. B. *dicebant*) oder im Konjunktiv (Möglichkeitsform, z. B. *dicerent*) stehen. Die Verben in indirekten Fragesätzen stehen meistens im Konjunktiv.

Du erkennst einen Nebensatz an Relativpronomen, Konjunktionen und Fragewörtern. Finde diese Wörter und du gewinnst einen Überblick über die im Satz vorkommenden Nebensätze.

Relativpronomen: *qui, quae, quod* und ihre Formen (= welcher, welche, welches). (▷ Kapitel J über Relativsätze)

Konjunktionen sind z. B. *si, nisi, (praesertim) cum, (propterea) quod, quoniam, ut(i) (non), ne, dum, ubi, priusquam, postquam* und ein paar andere noch. (▷ Kapitel F über konjunktionale Nebensätze).

Für die **indirekten Fragesätze** musst du vor allem die Fragewörter kennen.

Übung 1

Übersetze die Fragewörter:

➡ Lösung S. 129

1 cur ____________________

2 -ne … an ____________________

3 num ____________________

4 quando ____________________

5 qui ____________________

6 quis ____________________

7 quid ____________________

8 quare ____________________

9 quomodo ____________________

10 quot ____________________

11 qualis ____________________

12 si ____________________

13 ubi ____________________

14 unde ____________________

15 ut ____________________

16 utrum … an ____________________

Übung 2

Indirekte Fragesätze

Indirekte Fragesätze heißen auch „abhängige Fragesätze". Das heißt, dass sie von einem anderen Satz, meist dem Hauptsatz, abhängig sind:

Er schickte Leute, *qui cognoscerent,* ***qualis esset natura montis***.
Er schickte Leute, die herausfinden sollten, **wie der Berg beschaffen sei.**

➡ Lösung S. 129

1 Unterstreiche den indirekten Fragesatz:

De tertia vigilia T. Labienum, legatum pro praetore, cum duabus legionibus et iis ducibus, qui iter cognoverant, summum iugum montis ascendere iubet; quid sui consilii sit, ostendit.

2 Übersetze den indirekten Fragesatz:
ostendit = er macht klar • *consilium* = Plan

3 Unterstreiche den indirekten Fragesatz in folgender Satzperiode:

Cum ad has suspiciones certissimae res accederent, quod per fines Sequanorum Helvetios traduxisset, quod obsides inter eos dandos curasset, quod ea omnia non modo iniussu suo et civitatis sed etiam inscientibus ipsis fecisset, quod a magistratu Haeduorum accusaretur, satis esse causae arbitrabatur, quare in eum aut ipse animadverteret aut civitatem animadvertere iuberet.

4 Übersetze den indirekten Fragesatz:
in = gegen • *animadvertere* = vorgehen • *ipse* = er persönlich • *civitas* = Stamm • *iubere* = befehlen

5 Unterstreiche den indirekten Fragesatz in folgender Satzperiode:

Id ea maxime ratione fecit, quod noluit eum locum, unde Helvetii discesserant, vacare, ne propter bonitatem agrorum Germani, qui trans Rhenum incolunt, ex suis finibus in Helvetiorum fines transirent et finitimi Galliae provinciae Allobrogibusque essent.

6 Übersetze den indirekten Fragesatz:
discedere = weggehen

___

7 Übersetze den indirekten Fragesatz:

Epaminondas quaesivit, num salvus esset clipeus.
quaerere = fragen • *salvus* = heil • *clipeus* = Schild

___

Übersetze die folgenden Sätze:

8 Multae res eum hortabantur, quare putaret …
multi = viele • *res* = Umstände • *hortari* = ermahnen • *putare* = meinen

___

9 Helvetii conati sunt, si perrumpere possent.
conari = versuchen • *perrumpere* = durchbrechen • *posse* = können

___

___

10 Ratio confecta erat, qui numerus domo exisset.
ratio = Rechnung • *conficere* = anfertigen • *numerus* = Zahl • *domo* = von zu Hause • *exire* = weggehen

___

___

11 Res hortari videtur disserere, quomodo maiores rem publicam habuerint.
res = Sache • *hortari* = fordern • *videri* = scheinen • *disserere* = erörtern • *maiores* = Vorfahren • *res publica* = Staat • *habere* = haben, führen

12 Incusavit, quod sibi quaerendum putarent, quam in partem ducerentur.
incusare = beschuldigen • *quod* = weil • *quaerere* = fragen • *putare* = meinen • *pars* = Richtung • *ducere* = führen

13 Dumnorigi custodes ponit, ut, quae agat, quibuscum loquatur, scire possit.
Dumnorigi = Dativ • *custos* = Wache • *ponere* = stellen • *agere* = tun • *loqui* = sprechen • *scire* = wissen • *posse* = können

14 Apud Germanos matres familiae declarabant, utrum proelium committi ex usu esset necne.
mater = Mutter • *declarare* = erklären, feststellen • *proelium* = Gefecht • *committere* = beginnen • *ex usu* = zweckmäßig • *necne* = oder nicht

15 Diu magnum inter mortales certamen fuit, vine corporis an animi res militaris magis procederet.
diu = lange • *magnus* = groß • *mortales* = Menschen • *certamen* = Wettstreit • *vis* = Kraft • *corpus* = Körper • *animus* = Geist • *res militaris* = Militärwesen • *magis* = mehr • *procedere* = Fortschritte machen

16 Quodsi veteris contumeliae oblivisci vellet, num etiam recentium iniuriarum memoriam deponere posse?

quodsi = wenn auch • *vetus* = alt • *contumelia* = Schmach • *oblivisci* = vergessen • *velle* = wollen • *recens* = frisch, neu • *iniuria* = Unrecht • *memoria* = Erinnerung • *deponere* = beiseite schieben, können

____

____

____

Die indirekten Fragesätze kannst du! Wie steht es mit konjunktionalen Nebensätzen? Im nächsten Kapitel mehr darüber.

F Konjunktionale Nebensätze

Lange Satzperioden (Satzgefüge) sind im Lateinischen eher die Regel als die Ausnahme. Sie bestehen aus einem oder mehreren Hauptsätzen (HS) und einem oder mehreren Nebensätzen (NS). Beim Übersetzen einer Satzperiode gehen wir zunächst vom Hauptsatz aus. (▷ Kapitel D)

Es gibt folgende Nebensatzarten

- **Relativsätze:** Sie werden mit einem Relativpronomen eingeleitet (*quos* = welche): „Er schickte Gesandte, die / welche meldeten …"
- **Konjunktionale Nebensätze:** Sie werden mit einer Konjunktion eingeleitet (z. B. *ut* = dass): „Er beschloss, dass es am besten wäre, wenn …"
- **Indirekte Fragesätze:** Sie werden mit einem Fragewort eingeleitet (*quid* = was). Im Deutschen beginnen sie oft mit „ob" oder mit „warum, was, wann": „Er fragte, wann der Zug abfährt."

Die Verben der Nebensätze können im Indikativ (Wirklichkeitsform des Verbs, z. B. *dicebant*) oder im Konjunktiv (Möglichkeitsform, z. B. *dicerent*) stehen.

Du erkennst einen Nebensatz an Relativpronomen, Konjunktionen und Fragewörtern. Finde diese Wörter und du gewinnst einen Überblick über die im Satz vorkommenden Nebensätze.

Relativpronomen: *qui, quae, quod* und ihre Formen (= welcher, welche, welches). (▷ Kapitel J über Relativsätze)

Konjunktionen sind z. B. *si, nisi, (praesertim) cum, (propterea) quod, quoniam, ut(i) (non), ne, dum, ubi, priusquam, postquam* und ein paar andere noch. (▷ Kapitel F über konjunktionale Nebensätze).

Für die **indirekten Fragesätze** musst du vor allem die Fragewörter kennen.

Übung 1

Übersetze die folgenden Konjunktionen:

➡ Lösung S. 130

1 si ______

2 nisi ______

3 (praesertim) cum ______

4 (propterea) quod ______

5 quoniam ______

6 ut(i) ______

7 ut(i) non ______

8 ne ______

9 ut ______

10 cum ______

11 dum ______

12 ubi ______

13 priusquam ______

14 postquam ______

15 quamquam = quamvis ______

16 quin ______

Diese Konjunktionen (und ein paar andere) zeigen (meistens) einen Nebensatz an.

Übung 2

Wir sortieren ein bisschen, damit wir Ordnung in die Konjunktionen bekommen.

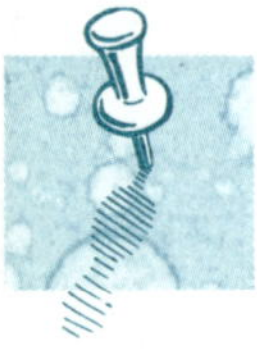

Es gibt Nebensätze, die vor allem einen **Zeitpunkt** angeben, z. B. „als er dies erfahren hatte ...“ Der Satz antwortet sozusagen auf die Frage „wann?“. Da das lateinische Wort für „Zeit“ *tempus* lautet, nennen wir diese Nebensätze **Temporalsätze.** Auch Sätze, die mit „wenn = als, nachdem“ und „bevor“ beginnen, sind Temporalsätze.

➡ Lösung S. 130

Überprüfe alle Konjunktionen in der Liste oben und schreibe zwei Konjunktionen auf, die einen Temporalsatz einleiten können.

1 ____________________

2 ____________________

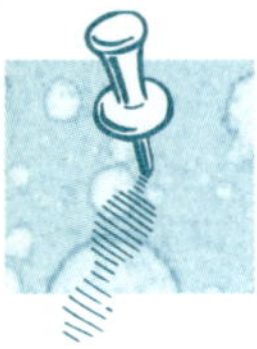

Es gibt Nebensätze, die vor allem einen **Grund** angeben, z. B. „**weil** er den Feind verfolgen wollte“. Der Satz beantwortet die Frage „warum?“ Das Wort „weil“ ist ein Signal für solch einen Nebensatz des Grundes. Da das lateinische Wort für „Grund“ *causa* lautet, nennen wir diese Nebensätze **Kausalsätze**. Auch Sätze, die mit „da, da ja, zumal da, deswegen weil ...“ beginnen, sind Kausalsätze.

Überprüfe alle Konjunktionen in der Liste oben und schreibe zwei Konjunktionen, die einen Kausalsatz einleiten können.

3 ____________________

4 ____________________

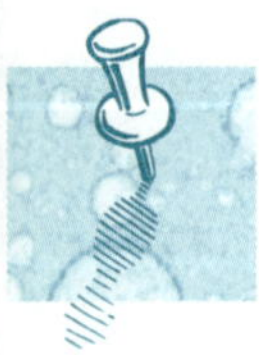

Es gibt Nebensätze, die vor allem eine **Bedingung** angeben, z. B. „falls er sie verfolgen würde ...“ Der Satz antwortet auf die Frage „Unter welcher Bedingung?“ Das Wort „falls“ ist ein Signal für solch einen Nebensatz der Bedingung. Da das lateinische Wort für „Bedingung“ *conditio* lautet, nennen wir diese Nebensätze Konditionalsätze. Ebenfalls **Konditionalsätze** sind Sätze, die mit „wenn“ beginnen, falls dieses „wenn“ durch „falls“ ersetzt werden kann. Du kennst das wahrscheinlich vom Englischen *if* = falls.

Überprüfe alle Konjunktionen in der Liste oben und schreibe zwei Konjunktionen, die einen Konditionalsatz einleiten können.

5 ____________________

6 ____________________

Es gibt Nebensätze, die mit *ut* = „dass, damit" eingeleitet werden, z. B. *Persuadet Castico, ut regnum occuparet* = „Er überredet C., dass er die Herrschaft an sich reiße."
Der Satz antwortet auf die Frage „Was ist das **Ziel** des Überredens?" Da das lateinische Wort für „Ziel" *finis* lautet, nennen wir diese Nebensätze **Finalsätze**. Bei den meisten Finalsätzen könnten wir das *ut* mit „damit" wiedergeben.

Ein durch *ut* eingeleiteter Nebensatz kann auch eine **Folge** ausdrücken. „Manche Lebewesen sind so klein, dass man sie mit bloßem Auge nicht sehen kann."
Der Nebensatz ist die Folge von der im Hauptsatz genannten Tatsache (Lebewesen sind so klein, ...). Das lateinische Wort für „Folge" ist *consecutio*, daher nennen wir diese Sätze **Konsekutivsätze**. Konsekutivsätze sind Sätze, die mit „dass" oder „sodass" beginnen, und nicht mit „damit".

Überprüfe alle Konjunktionen in der Liste oben und schreibe Konjunktionen, die einen Konsekutivsatz einleiten können.

7 ____________________

8 ____________________

Überprüfe alle Konjunktionen in der Liste oben und schreibe Konjunktionen, die einen Finalsatz einleiten können.

9 ____________________

10 ____________________

Übung 3

➡ Lösung S. 130

1 Streiche im folgenden Text alle Hauptsätze durch:

Ubi se diutius duci intellexit et diem instare, quo die frumentum militibus metiri oporteret, convocatis eorum principibus, quorum magnam copiam in castris habebat, in his Diviciaco et Lisco, qui summo magistratui praeerat, quem vergobretum appellant Haedui, qui creatur annuus et vitae necisque in suos habet potestatem, graviter eos accusat, quod, cum neque emi neque ex agris sumi possit, tam necessario tempore, tam propinquis hostibus ab iis non sublevetur, praesertim cum magna ex parte eorum precibus adductus bellum susceperit; multo etiam gravius, quod sit destitutus, queritur.

2 Schreibe aus demselben Text alle Konjunktionen heraus. Schreibe anschließend die Relativpronomen heraus.

____

____

3 Unterstreiche alle Nebensätze, die nicht Relativsätze sind.
Wie viele findest du?

Eodem die ab exploratoribus certior factus hostes sub monte consedisse milia passuum ab ipsius castris octo, qualis esset natura montis et qualis in circuitu ascensus qui cognoscerent, misit. De tertia vigilia T. Labienum, legatum pro praetore, cum duabus legionibus et iis ducibus, qui iter cognoverant, summum iugum montis ascendere iubet; quid sui consilii sit, ostendit. Ipse de quarta vigilia eodem itinere, quo hostes ierant, ad eos contendit equitatumque omnem ante se mittit. P. Considius, qui rei militaris peritissimus habebatur et in exercitu L. Sullae et postea in M. Crassi fuerat, cum exploratoribus praemittitur.

4 Um welche Art der Nebensätze handelt es sich? Vergleiche mit der Liste der Konjunktionen oben!

Fragesätze, die von einem Hauptsatz abhängen, heißen abhängige oder **indirekte Fragesätze**.
Der direkte Fragesatz (HS) lautet: „Wie ist der Berg beschaffen?"
Der **indirekte = abhängige Fragesatz** (NS) heißt: Sie sollten herausfinden (= HS), wie der Berg beschaffen ist / sei.

5 Du siehst, ganz so einfach ist das nicht. Man sieht zwar bei einigen Satzteilen deutlich, dass sie zu einem Nebensatz gehören, doch ist man sich nicht bei allen Teilen sicher. Manchmal weiß man nicht recht, wo ein Nebensatz anfängt und wo er aufhört. Woran erkennen wir das aber meistens auf den ersten Blick?

Beachte die **Signale**, die dir die **Satzzeichen** geben:

- Ein Strichpunkt (Semikolon) beendet einen Satz genauso wie ein Punkt.
- Ein Komma trennt Hauptsatz von Nebensatz bzw. Nebensatz von Nebensatz.
- Ein Fragezeichen zeigt, dass mindestens ein Teil des Satzes ein Fragesatz ist.
- Ein Ausrufezeichen zeigt, dass im Satz ein Ausruf zu finden ist.

Also: Den Satz bis zum Ende lesen; das heißt, bis zu einem Punkt, einem Strichpunkt, einem Fragezeichen oder einem Ausrufezeichen! Was danach steht, geht uns vorerst nichts an.

6 Unterstreiche den Nebensatz, der kein Relativsatz ist:

In eo itinere persuadet Castico, Catamantaloedis filio, Sequano, cuius pater regnum in Sequanis multos annos obtinuerat et a senatu populi Romani amicus appellatus erat, ut regnum in civitate sua occuparet, quod pater ante habuerit.

7 Um welche Art von Nebensatz handelt es sich?

____

8 Unterstreiche die Nebensätze in folgender Satzperiode:

Faciam, quod vultis, ut potero, et ingrediar in disputationem ea lege, qua credo omnibus in rebus disserendis utendum esse, si errorem velis tollere …

9 Um welche Art von Nebensatz handelt es sich bei dem letzten Nebensatz in dieser Satzperiode?

____

10 Unterstreiche die Nebensätze in folgender Satzperiode:

Cum ad has suspiciones certissimae res accederent, quod per fines Sequanorum Helvetios traduxisset, quod obsides inter eos dandos curasset, quod ea omnia non modo iniussu suo et civitatis sed etiam inscientibus ipsis fecisset, quod a magistratu Haeduorum accusaretur, satis esse causae arbitrabatur, quare in eum aut ipse animadverteret aut civitatem animadvertere iuberet.

11 Um welche Art von Nebensatz handelt es sich bei dem Nebensatz

Nr. 2 ______________________________________

Nr. 3 ______________________________________

Nr. 4 ______________________________________

Nr. 5 ______________________________________

12 Unterstreiche die Nebensätze in folgender Satzperiode:

Ob eam rem placuit ei, ut ad Ariovistum legatos mitteret, qui ab eo postularent, uti aliquem locum medium utrisque conloquio deligeret.

13 Unterstreiche die Nebensätze in folgender Satzperiode:

Id ea maxime ratione fecit, quod noluit eum locum, unde Helvetii discesserant, vacare, ne propter bonitatem agrorum Germani, qui trans Rhenum incolunt, ex suis finibus in Helvetiorum fines transirent et finitimi Galliae provinciae Allobrogibusque essent.

14 Um welche Art von Nebensatz handelt es sich bei dem Nebensatz

Nr. 1 ______________________________

Nr. 3 ______________________________

Nr. 4 ______________________________

Der Nebensatz im Nebensatz

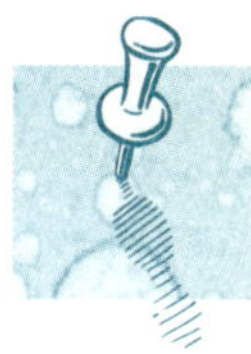

Vielleicht ist dir aufgefallen, dass der Nebensatz *quod noluit eum locum ... vacare* unterbrochen ist: In diesen Nebensatz ist ein weiterer Nebensatz eingeschoben *unde Helvetii discesserant*. Das machen wir im Deutschen auch: „Wenn du, **nachdem du mit diesem Satz fertig bist**, den nächsten anpackst ...“ Wie gehst du beim Übersetzen vor? Unterstreiche die Konjunktion des Nebensatzes und dann suche das nächste Verb. Kommt vor dem nächsten Verb eine weitere Nebensatz-Konjunktion, musst du mit einem eingeschobenen Nebensatz rechnen.

15 Unterstreiche die Nebensätze in folgender Satzperiode:

Caesar vehementer commotus maturandum sibi existimavit, ne, si nova manus Sueborum cum veteribus copiis Ariovisti sese coniunxisset, minus facile resisti posset.

Wie lautet der eingeschobene Nebensatz?

____

16 Unterstreiche die Nebensätze in folgender Satzperiode:

Ubi eo ventum est, Caesar initio orationis sua senatusque in eum beneficia commemoravit, quod rex appellatus esset a senatu, quod amicus, quod munera amplissime missa.

17 Um welche Art von Nebensatz handelt es sich beim ersten Nebensatz?

18 Unterstreiche die Nebensätze in folgender Satzperiode:

Bello Punico secundo, quo dux Carthaginiensium Hannibal post magnitudinem nominis Romani Italiae opes maxume adtriverat, Massinissa, rex Numidarum, in amicitiam receptus a P. Scipione, cui postea Africano cognomen ex virtute fuit, multa et praeclara rei militaris facinora fecerat.

19 Um welche Nebensatz-Art handelt es sich?

Wenn du Nebensätze jetzt sicher erkennst, kannst du einen Schritt weitergehen. Wie übersetzt man einen Nebensatz? Dazu muss man die Satzteile eines Nebensatzes kennen:

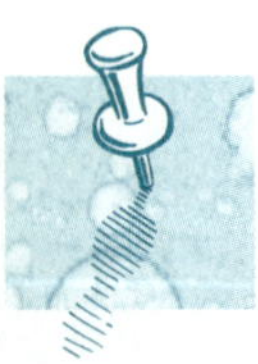

Satzteile eines Nebensatzes

Ein Nebensatz besteht aus Satzteilen, von denen du die wichtigsten kennen solltest: **Konjunktion, Subjekt, Prädikat, Objekt.**

..., si nova manus Sueborum cum veteribus copiis Ariovisti sese coniunxisset, ...

Die **Konjunktion** hast du bereits oben kennen gelernt, z. B. ... *si* ... (wenn).
Das **Subjekt** (Satzgegenstand) ist meistens ein Substantiv (Hauptwort) im Nominativ (1. Fall): *nova manus* ... (die neue Schar ...).
Das **Prädikat** ist meistens ein Verb (Tätigkeitswort) und passt in seiner Form (Endung) zum Subjekt: *coniunxisset* (verbündet hätte).

Das **Objekt** ist das Ziel der Handlung und meistens ein Substantiv (Hauptwort) manchmal auch ein Pronomen, oft steht es im Akkusativ; doch auch andere Fälle tauchen auf, nicht jedoch der Nominativ:
... sese ... (sich).
..., si nova manus ***sese*** *coniunxisset, ...* (wenn die neue Schar **sich** verbündet hätte).

Jetzt kriegen wir den Rest leicht hin:
Neben *nova manus* steht noch *Sueborum*, ein Genitiv. Also: die neue Schar der Sueben sich verbündet hätte.

Und dann haben wir noch *cum veteribus copiis* = mit den alten Truppen; und zuletzt *Ariovisti* = des Ariovist.

Übersetze den Satz und schaue im Lösungsteil nach (▷ Seite 131).

Übung 4

Wir gehen weiter nach der Abfrage-Methode vor:

➡ Lösung S. 131/2

1 Zunächst ermittelst du den letzten Nebensatz:

Dum paucos dies ad Vesontionem rei frumentariae commeatusque causa moratur, ex percontatione nostrorum vocibusque Gallorum ac mercatorum, qui ingenti magnitudine corporum Germanos, incredibili virtute atque exercitatione in armis esse praedicabant (saepe numero sese cum his congressos ne vultum quidem atque aciem oculorum dicebant ferre potuisse), tantus subito timor omnem exercitum occupavit, ut non mediocriter omnium mentes animosque perturbaret.

2 Du beginnst mit der Ermittlung

der **Konjunktion**: ______________________

des **Prädikats**, i. d. R. des Verbs: ______________________

danach des **Subjekts** (falls vorhanden): ______________________

danach des **Akkusativ-Objekts**: ______________________

danach **der restlichen Teile des Nebensatzes**:

____

3 Übersetze diesen Nebensatz.
mediocriter = mittelmäßig • *mens* = Sinn • *animus* = Herz • *perturbare* = verwirren

____

____

4 Noch einmal, damit du es im Schlaf beherrschst. Ermittle den ersten Nebensatzes.

Horum omnium fortissimi sunt Belgae, propterea quod a cultu atque humanitate provinciae longissime absunt, minimeque ad eos mercatores saepe commeant atque ea quae ad effeminandos animos pertinent important, proximique sunt Germanis, qui trans Rhenum incolunt, quibuscum continenter bellum gerunt.

5 Beginne wieder mit der Ermittlung
der **Konjunktion**: ______________________

des **Prädikats**, i. d. R. des Verbs: ______________________

danach des **Subjekts** (falls vorhanden): ______________________

danach des **Akkusativ-Objekts** (falls vorhanden): ______________________

danach **der restlichen Teile des Nebensatzes**:

____

6 Jetzt übersetzt du den Nebensatz:
cultus atque humanitas = Zivilisation und Kultur • *longissime* = am weitesten • *abesse* = entfernt sein

____

____

7 Zunächst unterstreichst du die Nebensätze :

Quid est, Catilina, quod iam amplius exspectes, si neque nox tenebris obscurare coetus nefarios nec privata domus parietibus continere voces coniurationis tuae potest, si inlustrantur, si erumpunt omnia?

8 Jetzt konzentrierst du dich auf den ersten Nebensatz: Du beginnst mit der Ermittlung

der **Konjunktion**: ______________________

des **Prädikats**, i. d. R. des Verbs: ______________________

danach des **Subjekts**: ______________________

danach des **Akkusativ-Objekts**: ______________________

danach **der restlichen Teile des Nebensatzes**:

____

9 Jetzt übersetzt du den Nebensatz:
amplius = weiter • *exspectare* = erwarten

____

10 Jetzt konzentrierst du dich auf den zweiten Nebensatz: Du beginnst mit der Ermittlung

der **Konjunktion**: ______________________

des **Prädikats**, i. d. R. des Verbs: ______________________

danach des **Subjekts**: ______________________

danach des **Akkusativ-Objekts**: ______________________

danach **der restlichen Teile des Nebensatzes**:

____

11 Jetzt übersetzt du den Nebensatz:
nox = Nacht • *tenebrae* = Finsternis • *obscurare* = verbergen • *coetus* = Zusammenkunft • *nefarius* = verbecherisch • *domus* = Haus • *paries* = Wand • *continere* = zurückhalten • *coniuratio* = Verschwörung • *posse* = können

____

____

____

12 Jetzt konzentrierst du dich auf den dritten Nebensatz: Du beginnst mit der Ermittlung

der **Konjunktion**: ______________________________

des **Prädikats**, i. d. R. des Verbs: ______________________________

danach des **Subjekts**: ______________________________

danach des **Akkusativ-Objekts**: ______________________________

danach **der restlichen Teile des Nebensatzes**:

____

13 Jetzt übersetzt du den Nebensatz:
inlustrare = beleuchten

____

14 Jetzt konzentrierst du dich auf den vierten Nebensatz: Du beginnst mit der Ermittlung

der **Konjunktion**: ______________________________

des **Prädikats**, i. d. R. des Verbs: ______________________________

danach des **Subjekts**: ______________________________

danach des **Akkusativ-Objekts**: ______________________________

danach **der restlichen Teile des Nebensatzes**:

____

15 Jetzt übersetzt du den Nebensatz:
erumpere = ans Tageslicht kommen, „hervorbrechen"

Übung 5

Versuche jetzt mit der geübten Methode alle Nebensätze zu erkennen und richtig zu übersetzen.

➡ Lösung S.132/3

1 Labienus, ut erat ei praeceptum a Caesare, ne proelium committeret, nisi ipsius copiae prope hostium castra visae essent, ut undique uno tempore in hostes impetus fieret, monte occupato nostros exspectabat proelioque abstinebat.

ut = wie • *praecipere* = vorschreiben • *proelium* = Gefecht • *committere* = beginnen • *copiae* = Truppen • *prope* = nahe • *hostes* = Feinde • *castra* = Lager • *videre* = sehen • *undique* = von allen Seiten • *uno tempore* = zur selben Zeit • *impetus* = Angriff • *fieri* = geschehen / gemacht werden

2 Diese Übung ist etwas schwieriger. Ermittle und übersetze die Nebensätze.

Gallis magno ad pugnam erat impedimento, quod pluribus eorum scutis uno ictu pilorum transfixis et conligatis, cum ferrum se inflexisset, neque evellere neque sinistra impedita satis commode pugnare poterant, ut multi diu iactato bracchio praeoptarent scutum manu emittere et nudo corpore pugnare.

plures = mehrere • *scutum* = Schild • *uno icto* = mit einem einzigen Wurf • *pilum* = Speer • *transfigere* = durchbohren • *conligare* = zusammenheften • *evellere* = herausreißen • *sinistra* = linke Hand • *impedire* = behindern • *satis* = genug • *commode* = bequem • *pugnare* = kämpfen • *posse* = können • *ferrum* = Eisenspitze • *inflectere* = verbiegen • *multi* = viele • *diu* = lange • *iactare* = schütteln • *bracchium* = Arm • *praeoptare* = vorziehen • *schutum* = den Schild • *manus* = Hand • *emittere* = fallen lassen • *nudus* = ungeschützt • *corpus* = Körper • *pugnare* = kämpfen

3 Um welche Arten von Nebensätzen handelt es sich? Finde sie heraus und übersetze sie.

Decrevit quondam senatus, ut L. Opimius consul videret, ne quid res publica detrimenti caperet.

consul = Konsul • *videre* = sehen, darauf achten • *quid* = *aliquid* = etwas • *res publica* = Staat • *detrimentum* = Schaden • *capere* = nehmen

____

____

____

4 Finde den ersten Nebensatz und übersetze ihn.

Quoniam id, quod est primum et quod huius imperii disciplinaeque maiorum proprium est, facere nondum audeo, faciam id, quod est ad severitatem lenius, ad communem salutem utilius.

id = das • *facere* = machen, tun • *nondum* = noch nicht • *audere* = wagen

____

____

5 Ermittle den letzten Nebensatz und übersetze ihn.

Si, ut Graeci dicunt, omnes aut Graios esse aut barbaros, vereor, ne (Romulus) barbarorum rex fuerit.

barbarus = Barbar • *rex* = König • *esse* = sein • *vereri, ne* = fürchten, dass

____

____

G *Oratio obliqua*

Du kannst dieses Kapitel auf zwei Arten nutzen:

- Wenn dir die *Oratio obliqua* noch ein wenig unklar ist, beginne mit dieser Seite und arbeite das Kapitel ganz durch.
- Wenn du nur Übungmaterial suchst, beginne bei Übung 2.

Oratio obliqua – was soll denn das sein?

Die *oratio obliqua* ist die **indirekte Rede (abhängige Rede)** – falls du weißt, was das ist. Wenn nicht, kleines Beispiel:

Caesar sagte zu Ariovist: **„Gib den Geiseln die Freiheit!"**
Das ist die **direkte Rede**.

Caesar sagte zu Ariovist, **er solle den Geiseln die Freiheit geben**.
Das ist die **indirekte Rede**. Bei ihr fehlen die Anführungszeichen.

Ein paar Voraussetzungen musst du mitbringen:

1. Die **Infinitive** musst du unbedingt kennen. (Wenn nicht: Kleine Übung folgt. Wenn ja, kannst du sie überspringen.)
2. Du musst den **AcI** beherrschen. (Wenn nicht: Kleine Übung folgt. Wenn ja, kannst du sie überspringen.)
3. Du musst ein paar **Pronomina** kennen (Wenn nicht: Kleine Übung folgt. Wenn ja, kannst du sie überspringen.)

Übung 1

Infinitive

Der Infinitiv ist die Grundform des Verbs (Tätigkeitswort):
„(zu) geben" (= *dare*) ist der Infinitiv Aktiv; „gegeben werden" (= *dari*) ist der Infinitiv Passiv. Beide sind Infinitive der **Gegenwart** (Präsens).

Es gibt aber auch Infinitive der *Vergangenheit*:

Übersetze: ➡ Lösung S. 134

1 dedisse

____

2 datum esse

____

3 daturum esse

____

Den Infinitiv Futur Passiv *(-um iri)* sparen wir uns hier.

Die Lösungen findest du im Anhang. Überprüfe deine Ergebnisse nach jeder Übung, damit du sicher sein kannst, auf dem richtigen Weg zu sein.

Übung 2

Füge die passenden Infinitive ein: ➡ Lösung S. 134

Gegenwart	**Aktiv**	(zu) geben	
Vergangenheit	**Aktiv**	gegeben (zu) haben	
Zukunft	**Aktiv**	geben werden	

Gegenwart	**Passiv**	gegeben werden	
Vergangenheit	**Passiv**	gegeben worden sein	

Übung 3

➡ Lösung S. 134

Übersetze.

1 effici
efficere = bewirken

---

2 iturum esse
ire = gehen

---

3 voluisse
velle = wollen

---

4 consuesse
consuescere = sich gewöhnen

---

5 neglecturum esse
neglegere = vernachlässigen

---

6 contendisse
contendere = sich anstrengen

---

7 discessisse
discedere = weggehen

---

8 potuisse
posse = können

---

9 ereptum esse
eripere = entreissen

___

10 conservatum esse
conservare = bewahren

___

Übung 4

AcI

Solltest du ihn bereits sicher beherrschen, kannst du die folgende Übung überspringen. Falls nicht, wirf einen Blick auf den Merkzettel …

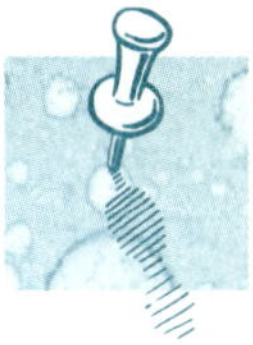

Der AcI (Akkusativ mit Infinitiv)

- Der AcI steht meistens nach einem Wort des Sagens, Meinens, z. B. „Cäsar sagte *(dixit)* bzw. meinte *(existimavit)* …"
- Im Deutschen folgt nach so einem Verb meist ein Nebensatz, der mit „dass" eingeleitet wird („Cäsar meinte, dass er…")
- Im Lateinischen fehlt das „dass" und das Verb des deutschen „dass-Satzes" steht im Lateinischen im **Infinitiv** (daher die Übung oben!).
- Das Subjekt (= Satzgegenstand, die Antwort auf die Frage „Wer?") steht im AcI im **Akkusativ** (daher AcI).

➡ Lösung S. 134

Beantworte folgende Fragen:

1 Womit rechnest du nach einem Einleitungsverb wie „meinte, sagte, behauptete, dachte"?

___

2 Was fügst du nach diesem Einleitungsverb ein?

___

3 Wie übersetzt du den Akkusativ?

___

4 Welches Zeitverhältnis besteht zwischen dem Einleitungsverb (sagte, meinte) und dem Verb deines „dass-Satzes", wenn es im Infinitiv Präsens steht?

___

5 Welches Zeitverhältnis besteht zwischen dem Einleitungsverb (sagte, meinte) und dem Verb deines „dass-Satzes", wenn es im Infinitiv Futur steht?

___

6 Welches Zeitverhältnis besteht zwischen dem Einleitungsverb (sagte, meinte) und dem Verb deines „dass-Satzes", wenn es im Infinitiv Perfekt steht?

___

Übung 5

➡ Lösung S.134/5

Übersetzungsübungen zum AcI:

1 Ariovistus contendit Germanos prius in Galliam venisse quam populum Romanum.
contendere = behaupten • *Germani* = Germanen • *prius* = früher • *venire* = kommen • *quam* = als • *populus Romanus* = römisches Volk

___

___

2 Ariovistus respondit neminem secum sine sua pernicie contendisse.
respondit = antwortete • *nemo* = niemand • *secum* = mit ihm • *sine sua pernicie* = ohne eigenes Verderben • *contendere* = kämpfen

___

___

3 Caesar pollicitus est eam rem sibi curae futuram esse.
polliceri = versprechen (Deponens!) • *ea res* = diese Angelegenheit • *sibi* = ihm • *cura* = Sorge • *esse* = sein

4 Caesari nuntiatum est Helvetios per provinciam iter facere.
nuntiare = melden • *per provinciam* = durch die Provinz • *iter* = Reise, Marsch • *facere* = machen

5 Helvetii existimabant se Allobrogibus persuasuros esse …
existimare = glauben • *Allobrogibus* = die Allobroger • *persuadere* = überreden

6 Caesar id concedendum (esse) non putabat.
id = das • *concedere* = zugestehen (hier: Gerundiv: nicht zu dürfen) • *putare* = glauben

7 Caesar existimavit maturandum esse.
existimare = glauben • *maturare* = eilen

8 Dicebant se non hostem vereri.
dicere = sagen • *hostis* = Feind • *vereri* = fürchten

9 Caesar statuit commodissimum esse ...

statuere = entscheiden • *commodus* = günstig

10 Caesari nuntiatum est Germanos ad nostros adequitare telaque in nostros conicere

nuntiare = melden • *ad nostros* = zu den Unsrigen • *adequitare* = heranreiten • *telum* = Geschoss • *conicere* = schleudern

In der *Oratio obliqua* kommen **Pronomina** meist in der 3. Person vor. Dabei bezeichnen die mit „s“ beginnenden Pronomina ***sui*** = seiner / ihrer; ***sibi*** = ihm, ihr, ihnen; ***se(se)*** = ihn, sie; ***suus, sua, suum*** = sein, ihr und Formen von ***ipse*** den Sprecher selbst. Der Angesprochene oder Dritte wird mit Formen von *ille* und *is* beschrieben.

Merke dir also Folgendes:

- Den **Hauptsatz** in der *Oratio obliqua* erkennst du meist am **AcI**.
- Wenn kein AcI zu finden ist, muss ein **Konjunktivsatz** der Hauptsatz sein. Er enthält dann oft eine **Aufforderung** (Er solle / sie sollen ...) oder eine **Frage** (Habe er etwa ...?).
- Die **Nebensätze** (Gliedsätze) stehen im **Konjunktiv**.

Übung 6

1 Unterstreiche im folgenden Text die Einleitungssätze farbig, z. B. rot. (Du solltest drei finden.)

➡ Lösung S. 135

1. Is ita cum Caesare egit: 2. si pacem populus Romanus cum Helvetiis faceret, in eam partem ituros atque ibi futuros Helvetios ubi eos Caesar constituisset atque esse voluisset; 3. sin bello persequi perseveraret, reminisceretur et veteris incommodi populi Romani et pristinae virtutis Helvetiorum. 4. Quod improviso unum pagum adortus esset, cum ii qui flumen transissent suis auxilium ferre non possent, ne ob eam rem aut suae magnopere virtuti tribueret aut ipsos despiceret. 5. Se ita a patribus maioribusque suis didicisse, ut magis virtute contenderent quam dolo aut insidiis niterentur. 6. Quare ne committeret ut is locus ubi constitissent ex calamitate populi Romani et internecione exercitus nomen caperet aut memoriam proderet. 7. His Caesar ita respondit: 8. eo sibi minus dubitationis dari, quod eas res quas legati Helvetii commemorassent memoria teneret, atque eo gravius ferre quo minus merito populi Romani accidissent; 9. qui si alicuius iniuriae sibi conscius fuisset, non fuisse difficile cavere; 10. sed eo deceptum, quod neque commissum a se intellegeret quare timeret neque sine causa timendum putaret. 11. Quod si veteris contumeliae oblivisci vellet, num etiam recentium iniuriarum, quod eo invito iter per provinciam per vim temptassent, quod Haeduos, quod Ambarros, quod Allobrogas vexassent, memoriam deponere posse? 12. Quod sua victoria tam insolenter gloriarentur quodque tam diu se impune iniurias tulisse admirarentur, eodem pertinere. 13. Consuesse enim deos immortales, quo gravius homines ex commutatione rerum doleant, quos pro scelere eorum ulcisci velint, his secundiores interdum res et diuturniorem impunitatem concedere. 14. Cum ea ita sint, tamen, si obsides ab iis sibi dentur, uti ea quae polliceantur facturos intellegat, et si Haeduis de iniuriis quas ipsis sociisque eorum intulerint, item si Allobrogibus satis faciunt, sese cum iis pacem esse facturum. 15. Divico

respondit: 16. ita Helvetios a maioribus suis institutos esse uti obsides accipere, non dare, consuerint; 17. eius rei populum Romanum esse testem. 18. Hoc responso dato discessit.

Hast du die richtigen drei Einleitungsverben gefunden? Schau im Lösungsteil nach! Nach dem Einleitungssatz beginnt jeweils eine *Oratio obliqua.*

2 Dann unterstreiche (schwarz oder blau) den Hauptsatz in Satz 2 des Textes.

3 Dann unterstreiche (schwarz oder blau) den Hauptsatz in Satz 5 des Textes.

4 Dann unterstreiche den Hauptsatz in Satz 8 des Textes.

5 Dann unterstreiche den Hauptsatz in Satz 9 des Textes.

6 Dann unterstreiche den Hauptsatz in Satz 10 des Textes.

7 Dann unterstreiche den Hauptsatz in Satz 11 des Textes.

8 Dann unterstreiche den Hauptsatz in Satz 12 des Textes.

9 Dann unterstreiche den Hauptsatz in Satz 13 des Textes.

10 Dann unterstreiche den Hauptsatz in Satz 14 des Textes.

11 Dann unterstreiche den Hauptsatz in Satz 16 des Textes.

12 Dann unterstreiche den Hauptsatz in Satz 17 des Textes.

Du hast sicher gemerkt, dass hier die Hauptsätze am Infinitiv bzw. AcI zu erkennen waren. Aber wie steht es mit den Sätzen, die wir zunächst ausgelassen haben?

13 Jetzt unterstreiche (schwarz oder blau) den Hauptsatz in Satz 3 des Textes.

14 Dann unterstreiche den Hauptsatz in Satz 4 des Textes.

15 Dann unterstreiche den Hauptsatz in Satz 6 des Textes.

Übung 7

Übersetze die folgenden Einleitungssätze.

➡ Lösung S. 135

1 Is ita cum Caesare egit:
is = dieser • *ita* = so • *agere* = verhandeln

____

2 His Caesar ita respondit:
his = diesen • *respondere* = antworten

____

3 Divico respondit:
Divico = Nominativ

____

Übung 8

Übersetze jetzt die Hauptsätze.

Der deutsche Einleitungssatz ist hier immer im Imperfekt („Er sagte, dass …" oder „Sie sagten, dass…").

➡ Lösung S. 136

1 in eam partem ituros atque ibi futuros Helvetios
ea pars = der Landesteil • *ire* = gehen • *atque* = und • *ibi* = dort • *esse* = bleiben
…, dass die Helvetier…

____

____

2 se ita a patribus maioribusque suis didicisse
patres = Väter • *maiores* = Vorfahren • *discere* = lernen

____

3 sibi minus dubitationis dari
sibi = für ihn • *minus* = weniger • *dare* = geben • *dubitatio* = Zweifel

____

4 gravius ferre
gravis = schwer • *ferre* = tragen

____

5 non fuisse difficile cavere
esse = sein • *difficilis* = schwer • *cavere* = sich hüten

____

6 sed eo deceptum,
decipere = täuschen • nach *deceptum* muss *esse* ergänzt werden

____

7 num memoriam deponere posse?
memoria = Erinnerung • *deponere* = beiseite legen • *posse* = können • Subjekt ist zu ergänzen: er

____

8 eodem pertinere
eodem = auf dasselbe • *pertinere* = hinauslaufen • Subjekt: es

____

9 consuesse enim deos immortales
consuescere = sich gewöhnen • *ennim* = denn • *die immortales* = die unsterblichen Götter

____

10 sese cum iis pacem esse facturum
sese = er • *cum iis* = mit ihnen • *pax* = Frieden • *facere* = machen

____

11 ita Helvetios a maioribus suis institutos esse
ita = so • maiores = Vorfahren • *instituere* = erziehen

____

12 eius rei populum Romanum esse testem
ea res = diese Tatsache • *populus* = Volk • *testis* = Zeuge

____

13 Unterstreiche die Hauptsätze in folgendem Kapitel:

1. Liscus proponit: 2. esse nonnullos, quorum auctoritas apud plebem plurimum valeat, qui privatim plus possint quam ipsi magistratus. 3. Hos seditiosa atque improba oratione multitudinem deterrere, ne frumentum conferant quod debeant: 4. praestare, si iam principatum Galliae obtinere non possint, Gallorum quam Romanorum imperia perferre, neque dubitare quin, si Helvetios superaverint Romani, una cum reliqua Gallia Haeduis libertatem sint erepturi. 5. Ab isdem nostra consilia quaeque in castris gerantur hostibus enuntiari; 6. hos a se coerceri non posse. 7. Quin etiam, quod necessariam rem coactus Caesari enuntiarit, intellegere sese quanto id cum periculo fecerit, et ob eam causam quam diu potuerit tacuisse.

14 Übersetze aus dem vorhergehenden Abschnitt die Hauptsätze

Nr. 2: ______________________________

Nr. 3: ______________________________

____

Nr. 4: ______________________________

____

Nr. 6: ______________________________

____

Glückwunsch! Du beherrschst jetzt die *Oratio obliqua*.

Wenn du weiteres Übungsmaterial zur *Oratio obliqua* suchst: In Cäsars Gallischem Krieg findest du jede Menge davon! Ich empfehle dir im Buch I die Kapitel I,13; I,14; I,18; I, 20; I, 30; I, 31; I, 34; I, 35; I, 36; I, 37; I, 40; I, 42; I, 44; I, 45.

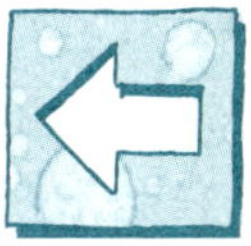

H Participium coniunctum

Du kannst dieses Kapitel auf zwei Arten für dich nutzen:

- Wenn dir das *Participium coniunctum* (PC) noch ein wenig unklar ist, dann beginne mit dieser Seite und arbeite das Kapitel ganz durch.
- Wenn du das PC schon beherrschst und nur Übungsmaterial suchst, dann beginne mit Übung 4.

Welche Voraussetzungen solltest du mitbringen, um mit diesem Kapitel erfolgreich zu lernen?

Du musst folgende Konstruktionen im Deutschen kennen und verstehen:

- Cäsar, von Spähtrupps **informiert**, traf eine Entscheidung.
  (Das ist so eine Art deutsches PC.)
- Cäsar, die Lage **betrachtend**, machte sich Sorgen.
  (Das ist auch eine Art deutsches PC.)
- Cäsar erwartete die von den Verbündeten **versprochenen** Hilfstruppen.
  (Das ist schon wieder eine Art deutsches PC.)

Hast du diese Sätze genau verstanden?
In jedem findest du ein deutsches **Partizip: informiert, betrachtend, versprochen**.
In den ersten beiden Sätzen beschreibt das Partizip das Subjekt (= Täter) des Satzes (Cäsar).
Im letzten Satz beschreibt das Partizip (versprochen) das Objekt (Opfer, Ziel der Handlung) des Satzes.

Wenn du das verstanden hast und wenn du die lateinischen Partizipien und ihre wichtigsten Endungen kennst, dann hast du schon eine gute Grundlage. Du könntest dann eigentlich gleich bei „Das Deponens", Seite 88 weitermachen.

Wenn du aber mit den lateinischen Partizipien Schwierigkeiten hast, macht das auch nichts. Wir werden sofort üben:

Übung 1

➡ Lösung S. 137

1 Wie viele Partizipien gibt es im Lateinischen?

2 Wie heißen diese Partizipien (Bezeichnung, Form) und welches Zeitverhältnis bezeichnen sie?

3 Wie kannst du ein Partizip übersetzen?

Plato **scribens** mortuus est:

Plato = Nominativ • *mortuus est* = er starb • *scribere* = schreiben

oder

oder

Wie sehen die Partizipien aus? Wenn du das genau weißt, kannst du die folgende Übung überspringen. Wenn nicht, ist Übung 2 genau richtig für dich.

Die Lösungen findest du im Anhang. Trenne die entsprechende Seite am besten heraus und überprüfe deine Ergebnisse nach jeder Übung. So kannst du sicher sein, dass du auf dem richtigen Weg bist.

Übung 2

➡ Lösung S. 137

1 Wie lauten die Endungen des Partizip Präse**ns** Aktiv?

	Singular	Plural
1. Fall	*pugna-ns*	
2. Fall		
3. Fall		
4. Fall		
6. Fall		

2 Wie lauten die Nominativ- und Akkusativendungen des Partizip Perfek**t** Passiv?

	Singular	Plural
1. Fall	*pugna-tus,*	
4. Fall		

3 Wie sieht das Partizip Fu**tur** Aktiv in Nominativ und Akkusativ aus?
Beispiel: *pugnaturus* = kämpfen werde**nd**, / einer der kämpfen wird / im Begriff zu kämpfen.

	Singular	Plural
1. Fall		
4. Fall		

Übung 3

Übersetze:

➡ Lösung S. 138

Partizip Präsens

1 cupientem
cupere = begehren, wünschen

2 labefactantem
labefactare = gefährden

3 veniens
venire = kommen

4 flentes
flere = weinen

Partizip Perfekt Passiv

5 commoti
commovere = heftig bewegen

6 consalutatus
consalutare = gleichzeitig begrüßen

7 sublati
tollere = aufheben, emporheben

8 certior factus
certiorem facere = informieren

Das Deponens

Häufig benützt das *Participium coniunctum* (PC) Deponentia. Ein Deponens ist ein Verb (Tätigkeitswort), das zwar (nur) **passive Formen** hat, aber **aktiv übersetzt** wird.
Beispiel: *secutus* (von *sequi* = folgen) = folgend

9 egressus
egredi = hinausgehen

10 conspicatus
conspicari = erblicken

11 nactus
nancisci = erreichen

12 commoratus
commorari = verweilen

Wie übersetzt man nun das *Participium coniunctum*?

Es gibt viele Möglichkeiten, das PC zu übersetzen. Du musst sie nicht alle kennen.

Drei Übersetzungsmöglichkeiten solltest du aber beherrschen:

- die Übersetzung als Partizip
- die Übersetzung als Nebensatz
- die Übersetzung als Hauptsatz

Wenn du das PC mit einem Nebensatz übersetzen willst (oder sollst), dann versuche es zuerst mit einem Relativsatz, das klappt meistens. Aber vergiss nicht: Auch Partizipialkonstruktionen sind im Deutschen oft möglich. Sie haben den Vorteil, dass du fast wörtlich übersetzen kannst.

Übung 4

➡ Lösung S. 138

Übersetze:

1 Tum Scipio Laelium advenientem salutavit.
tum = dann • *Scipio* = Nominativ • *Laelium* = Akkusativ • *advenire* = ankommen • *salutare* = grüßen

2 Scipio L. Furium repente venientem aspexit.
Scipio = Nominativ • *Furium* = Akkusativ • *venire* = kommen • *aspicere* = erblicken • *repente* = plötzlich

3 Catilinam orbem terrae caede et incendiis vastare cupientem nos consules perferemus?
Catilinam = Akkusativ • *orbis terrae* = die ganze Erde • *caedes* = Blutbad • *incendium* = Brand • *vastare* = verwüsten • *cupere* = begehren • *nos consules* = wir Konsuln • *perferre* = dulden

4 Amplissimus P. Scipio, pontifex maximus, Ti. Gracchum mediocriter labefactantem statum rei publicae privatus interfecit.
amplus = angesehen • *pontifex maximus* = Oberpriester • *Ti. Gracchum* = Akkusativ • *mediocriter* = nur mittelmäßig • *labefactare* = gefährden • *status rei publicae* = Bestand des Staates • *privatus* = als Privatmann • *interficere* = beseitigen, töten

5 Hi flentes orabant, ut …
hi = diese • *flere* = weinen • *orare* = bitten

6 Caesar certior factus ab Titurio ad eos contendit
certior factus = informiert • *ad eos* = zu diesen • *contendere* = eilen

7 His nuntiis litterisque commotus Caesar duas legiones novas conscripsit.
his nuntiis litterisque = durch diese Botschaften und Briefe • *commovere* = heftig bewegen • *duas legiones novas* = zwei neue Legionen • *conscribere* = einberufen

8 M. Manilius a Scipione consalutatus assedit.
consalutare = begrüßen • *assidere* = Platz nehmen

9 Quo proelio sublati Helvetii coeperunt …
quo proelio = durch dieses Gefecht • *tollere* = emporheben; • *Helvetii* = Nominativ • *coeperunt* = sie begannen

10 Abditi in tabernaculis suum fatum querebantur
abdere = verbergen • *tabernaculum* = Zelt • *fatum* = Schicksal • *queri* = beklagen

11 Si furore atque amentia impulsus bellum intulisset, …
furor = Raserei • *amentia* = Wahnsinn • *impellere* = antreiben • *bellum inferre* = Krieg beginnen

Na, hat das einigermaßen geklappt? Dann versuche die nächste Übung.

Übung 5

➡ Lösung S.138/9

1 Helvetii eius adventu commoti legatos ad eum mittunt.
Helvetii = Nominativ • eius adventu = durch seine Ankunft • *commovere* = heftig bewegen • *legatus* = Gesandter • *ad eum* = zu ihm • *mittere* = schicken

2 His de rebus Caesar certior factus et infirmitatem Gallorum veritus nihil his committendum existimavit.
his de rebus = dadurch, darüber • *certior factus* = informiert • *infirmitas* = Schwäche, Unzuverlässigkeit • *Gallorum* = Genitiv • *vereri* = fürchten • *nihil* = nichts • *his* = Dativ = diesen • *committere* = anvertrauen • *existimare* = meinen

3 Is regni cupiditate adductus coniurationem nobilitatis fecit.
regni cupiditas = Ehrgeiz • *adducere* = veranlassen • *coniuratio* = Verschwörung • *nobilitas* = Adel • *facere* = machen

---

---

4 Quibus rebus adductus Caesar statuit ...
quibus rebus = durch diese Sachlage • *adducere* = veranlassen • *statuere* = beschließen

---

5 His rebus adducti et auctoritate Orgetorigis permoti constituerunt ea comparare ...
his rebus = durch diese Dinge • *adducere* = veranlassen • *auctoritas* = Ansehen • *Orgetorigis* = Genitiv • *permovere* = beeindrucken • *constituere* = festlegen • *ea* = dies • *comparare* = beschaffen

---

---

6 Hac oratione adducti inter se iusiurandum dant ...
hac oratione = durch diese Rede • *adducere* = veranlassen • *inter se* = untereinander • *iusiurandum* = Schwur • *dare* = geben

---

---

7 Cum civitas ob eam rem incitata armis ius suum exsequi conaretur ...
cum = als • *civitas* = Stamm • *ob eam rem* = deswegen • *incitare* = erregen • *arma* = Waffen • *ius* = Recht • *exsequi* = durchsetzen • *conari* = versuchen

---

Im folgenden Beispiel findest du auch einen relativen Satzanschluss (▷ Kapitel I). Den Komparativ bei *cupidus* könnte man mit „allzu" wiedergeben.

8 Qui cupidius novissimum agmen insecuti proelium committunt.
qui = diese • *cupidus* = eifrig • *novissimum agmen* = Nachhut • *insequi* = nachsetzen • *proelium committere* = eine Schlacht beginnen

9 Galli ex castris egressi ad munitiones accedunt.
Galli = Nominativ • *castra* = Lager • *egredi* = herausgehen • *munitio* = Befestigungsanlage • *accedere* = heranrücken

10 Vercingetorix ex arce suos conspicatus ex oppido egreditur.
Vercingetorix = Nominativ • *arx* = Burg • *suos* = seine Leute • *conspicari* = erblicken • *oppidum* = Festung • *egredi* = herausgehen

11 Caesar idoneum locum nactus, quid geratur, cognoscit.
idoneus = geeignet • *locus* = Ort • *nancisci* = erreichen • *quid* = was • *gerere* = tun • *cognoscere* = feststellen

12 Ariovistus arrogantia usus omni Gallia Romanis interdixerat.
arrogantia = Anmaßung • *uti* = gebrauchen • *omni* = ganz • *interdicere* = absprechen, verbieten

Wenn du bis jetzt keine Schwierigkeiten hattest, kannst du gleich mit Übung 6 weitermachen. Andernfalls geht´s hier weiter!

13 Omnia experti Galli postero die consilium ceperunt.
omnia = alles • *experiri* = versuchen • *Galli* = Nominativ • *postero die* = am Tag darauf • *consilium* = Plan, Rat • *capere* = fassen

---

---

14 Caesar biduum in his locis moratus Brutum adulescentem copiis praeficit.
biduum = zwei Tage • *in his locis* = in dieser Gegend • *morari* = sich aufhalten • *Brutum* = Akkusativ • *adulescens* = jung • *copiae* = Truppen • *praeficere* = an die Spitze stellen

---

---

15 Caesar insidias veritus exercitum castris continuit.
insidiae = Hinterhalt • *vereri* = fürchten • *exercitus* = Heer • *castra* = Lager • *continere* = zurückhalten

---

---

16 Equites nostri flumen transgressi cum hostium equitatu proelium commiserunt.
equites = Reiter • *flumen* = Fluss • *transgredi* = überschreiten • *hostes* = Feinde • *equitatus* = Kavallerie • *proelium committere* = Schlacht beginnen

---

---

17 Milites oratione cohortatus proelii committendi signum dedit.
milites = Soldaten • *oratio* = Rede • *cohortari* = aufmuntern • *proelium committere* = Schlacht beginnen • *signum* = Zeichen • *dare* = geben

---

---

18 Caesar a castris progressus aciem instruxit.
castra = Lager • *progredi* = herausgehen • *acies* = Schlachtreihe • *instruere* = aufstellen

---

---

19 Ibi perpauci viribus confisi tranare contenderunt.
ibi = dort • *perpauci* = sehr wenige • *vis* = Kraft • *confidere* = vertrauen • *tranare* = hinüberschwimmen • *contendere* = sich bemühen

---

---

20 Ariovistus naviculam nactus ea profugit.
navicula = Kahn • *nancisci* = erreichen • *ea* = in ihm • *profugere* = fliehen

---

---

21 Reliquos omnes consecuti equites nostri interfecerunt.
reliqui = die übrigen • *omnes* = alle • *consequi* = einholen • *equites* = Reiter • *interficere* = niedermachen

---

---

22 Caesar ibi complures dies commoratus summamque copiam frumenti et reliqui commeatus nactus exercitum reficit.
ibi = dort • *complures* = mehrere • *dies* = Tag(e) • *commorari* = verweilen • *summa copia* = große Menge • *frumentum* = Getreide • *reliquus* = übrig • *commeatus* = Nachschub • *nancisci* = erreichen, bekommen • *exercitus* = Heer • *reficere* = sich ausruhen lassen

---

---

23 saepenumero sese cum iis congressos ne vultum quidem ferre potuisse

saepenumero = oft • *se(se)* = sie selbst • *cum iis* = mit diesen • *congredi* = zusammentreffen • *ne … quidem* = nicht einmal … • *vultus* = Miene • *ferre* = ertragen • *posse* = können

____

____

Übung 6

➡ Lösung S. 139

1 Unterstreiche alle Partizipien im folgenden Text:

Eo opere perfecto praesidia disponit, castella communit, quo facilius, si se invito transire conentur, prohibere possit. Ubi ea dies quam constituerat cum legatis venit et legati ad eum reverterunt, negat se more et exemplo populi Romani posse iter ulli per provinciam dare et, si vim facere conentur, prohibiturum ostendit. Helvetii ea spe deiecti navibus iunctis ratibusque compluribus factis, alii vadis Rhodani, qua minima altitudo fluminis erat, non numquam interdiu, saepius noctu si perrumpere possent conati, operis munitione et militum concursu et telis repulsi, hoc conatu destiterunt.

Finde und übersetze das PC in den folgenden Sätzen:

2 Helvetii cum omnibus suis carris secuti impedimenta in unum locum contulerunt.

____

____

3 Tandem vulneribus defessi et pedem referre et, quod mons suberat circiter mille passuum spatio, eo se recipere coeperunt.

____

____

Die folgenden Sätze sind sehr schwierig und erfordern zusätzliche Kenntnisse zum Beispiel des *Ablativus absolutus*. Aber das PC zu erkennen und zu übersetzen, das schaffst du:

4 Caesar primum suo, deinde omnium ex conspectu remotis equis, ut aequato omnium periculo spem fugae tolleret, cohortatus suos proelium commisit.

5 Capto monte et succedentibus nostris, Boi et Tulingi, qui hominum milibus circiter XV agmen hostium claudebant et novissimis praesidio erant, ex itinere nostros ab latere aperto adgressi circumvenire, et id conspicati Helvetii, qui in montem sese receperant, rursus instare et proelium redintegrare coeperunt.

6 Dum ea conquiruntur et conferuntur, [nocte intermissa] circiter hominum milia VI eius pagi qui Verbigenus appellatur, sive timore perterriti, ne armis traditis supplicio adficerentur, sive spe salutis inducti, quod in tanta multitudine dediticiorum suam fugam aut occultari aut omnino ignorari posse existimarent, prima nocte e castris Helvetiorum egressi ad Rhenum finesque Germanorum contenderunt.

7 Denique hos esse eosdem Germanos quibuscum saepe numero Helvetii congressi non solum in suis sed etiam in illorum finibus plerumque superarint, qui tamen pares esse nostro exercitui non potuerint. Si quos adversum proelium et fuga Gallorum commoveret, hos, si quaererent, reperire posse diuturnitate belli defatigatis Gallis Ariovistum, cum multos menses castris se ac paludibus tenuisset neque sui potestatem fecisset, desperantes iam de pugna et dispersos subito adortum magis ratione et consilio quam virtute vicisse.

Geschafft! Deine Ausdauer hat sich gelohnt, denn jetzt beherrschst du das PC.

I Relativer Satzanschluss

Relativer Satzanschluss – was ist das?

Die Lateiner hatten das Gefühl, man müsse jeden Satz irgendwie an den vorhergehenden anschließen, damit der Leser merkt, dass man nicht Unzusammenhängendes faselt. Manchmal enthielt der Anfang des neuen Satzes ein **Demonstrativpronomen** (= hinweisendes Fürwort, z. B. *is, ille* oder *hic* und die von diesen abgeleiteten Formen).
Daraus machten die Lateiner dann gelegentlich einfach ein **Relativpronomen** (*qui, quae, quod* und deren Formen). Fertig.

Was du an Vorkenntnissen brauchst:

- Du musst die Relativpronomen (*qui, quae, quod, cuius* …) und ihre Formen kennen und
- du musst die deutschen Demonstrativpronomen (dieser, diese, …, jener, jene …) und ihre Formen kennen.

Am besten testest du deine Kenntnisse im Kapitel über Relativsätze (▷ Kapitel J).

Der Anfang eines Satzes enthält also ein Relativpronomen, sieht folglich so aus, als ob der Satz ein Relativsatz wäre. Allerdings sieht er nur so aus!

Wir gehen beim Übersetzen **umgekehrt** vor:
Wir übersetzen das Relativpronomen (welcher) mit einem Demonstrativpronomen (dieser):

welcher ▷▷▷▷▷ **dieser**

Das ist alles.

Übung 1

1 Verwandle das Relativpronomen in das passende Demonstrativpronomen. ➡ Lösung S. 140

Quam rem paucis hominum contigisse … docebat

____

2 Übersetze:

res = Angelegenheit • *pauci* = wenige • *homo* = Mensch • *contingere* = gelingen • *docere* = hier: klar machen

____

3 Verwandle das Relativpronomen in das passende Demonstrativpronomen.

Ad quos cum Caesar nuntios misisset, …

4 Übersetze:

cum = als • *nuntius* = Bote • *mittere* = schicken

5 Verwandle das Relativpronomen in das passende Demonstrativpronomen.

Quae res Caesari voluptatem attulit.

6 Übersetze:

res = Angelegenheit • *voluptas* = Freude • *afferre* = bringen

Geh auf Nummer sicher und gleiche deine Ergebnisse sofort mit den Lösungen im Anhang ab. Die entsprechende Seite kannst du aus dem Buch heraustrennen und neben dein Heft oder Buch legen.

7 Verwandle das Relativpronomen in das passende Demonstrativpronomen.

Ex quo iudicari posse …

8 Übersetze:

iudicare = beurteilen • *posse* = können, hier: es könne

9 Verwandle das Relativpronomen in das passende Demonstrativpronomen.

Quos cum Ariovistus conspexisset, conclamavit …

10 Übersetze:
cum = als • *Ariovistus* = Nominativ • *conspicere* = erblicken • *exclamare* = ausrufen

____

11 Verwandle das Relativpronomen in das passende Demonstrativpronomen.
Quae dum geruntur …

____

12 Übersetze:
dum = während • *gerere* = ausführen, erledigen

____

13 Verwandle das Relativpronomen in das passende Demonstrativpronomen.
Quae cum ita sint …

____

14 Übersetze:
cum = weil, obwohl • *ita* = so

____

15 Verwandle das Relativpronomen in das passende Demonstrativpronomen.
Qua re cognita …

____

16 Übersetze:
res = Angelegenheit • *cognoscere* = erkennen

____

17 Verwandle das Relativpronomen in das passende Demonstrativpronomen.
Quo facto …

____

18 Übersetze:
facere = tun

---

19 Verwandle das Relativpronomen in das passende Demonstrativpronomen.
Quibus rebus gestis …

---

20 Übersetze:
res = Angelegenheit • *gerere* = ausführen, erledigen

---

21 Verwandle das Relativpronomen in das passende Demonstrativpronomen.
Quam ob rem …

---

22 Übersetze:
ob = wegen • *res* = Sache, Angelegenheit

---

23 Verwandle das Relativpronomen in das passende Demonstrativpronomen.
Quo modo …

---

24 Übersetze:
modus = Art, Weise

---

25 Verwandle das Relativpronomen in das passende Demonstrativpronomen.
Quibus auditis …

---

26 Übersetze:

audire = hören

27 Verwandle das Relativpronomen in das passende Demonstrativpronomen.

Qui nisi decedat ...

28 Übersetze:

decedere = weggehen, abziehen

29 Verwandle das Relativpronomen in das passende Demonstrativpronomen.

Quorum alius petebat ...

30 Übersetze:

alius = ein anderer • *petere* = fordern

31 Übersetze:

Quos ubi, qui proximi Rhenum incolunt, perterritos senserunt, occiderunt.

ubi = als • *proximi* = als nächste • *Rhenus* = Rhein • *incolere* = wohnen • *perterritos* = in Panik • *sentire* = merken • *occidere* = töten

32 Verwandle das Relativpronomen in das passende Demonstrativpronomen.

Qui cum equitatu Helvetiorum proelium committunt.

33 Übersetze:
cum = mit • *equitatus* = Kavallerie • *Helvetiorum* = Genitiv Plural • *proelium* = Gefecht • *committere* = beginnen

____

34 Verwandle das Relativpronomen in das passende Demonstrativpronomen.

Quo proelio sublati Helvetii nostros lacessere coeperunt.

____

35 Übersetze:
proelium = Gefecht • *tollere* = ermutigen • *Helvetii* = Nominativ Plural • *nostri* = die Unsrigen • *lacessere* = provozieren • *coepisse* = beginnen

____

____

Glückwunsch. Der relative Satzanschluss dürfte kein Problem mehr für dich sein.

Relativsätze wären eine gute Fortsetzung. Du findest sie in Kapitel J.

J *Relativsätze*

Lange Satzperioden (Satzgefüge) sind im Lateinischen leider eher die Regel als die Ausnahme. Sie bestehen aus einem oder mehreren Hauptsätzen (HS) und einem oder mehreren Nebensätzen (NS).

Beim Übersetzen einer Satzperiode beginnen wir zunächst mit dem Hauptsatz (▷ Kapitel D *Hauptsätze*). Jetzt aber wenden wir uns den Nebensätzen zu.

Einige Vorkenntnisse, die du für dieses Kapitel parat haben solltest:

- die verschiedenen Arten von Nebensätzen;
- woran du einen Nebensatz erkennst;
- wie du beim Übersetzen langer Satzperioden (Satzgefüge) am günstigsten vorgehst.

Solltest du vergessen haben, wovon hier die Rede ist, dann blättere einfach zurück und informiere dich in den Kapiteln E und F.

Woran du Relativsätze erkennst

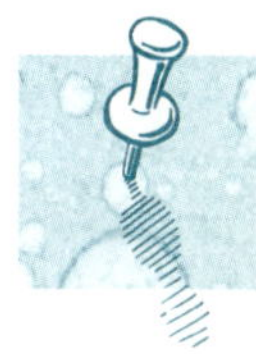

Relativsätze erkennst du an den **Relativpronomen**. Das kann aber nur funktionieren, wenn du die Relativpronomen kennst und erkennst.

Übung 1

Kleine Wiederholung der Relativpronomen

➡ Lösung S. 141

Schreibe den Singular und Plural der Relativpronomen (welcher, welche, welches / der, die, das) im ersten, zweiten, dritten, vierten und sechsten Fall:

	Singular	Plural
1. Fall	*qui* ____________	____________
2. Fall	____________	____________
3. Fall	____________	____________
4. Fall	____________	____________

(Auf den 5. Fall, den Vokativ, verzichten wir.)

6. Fall	____________	____________

Überprüfe deine Ergebnisse im Lösungsteil und mache dir eine Liste mit allen (richtigen!) Formen.

Du siehst, **Relativpronomen** können in Singular und Plural auftreten und in allen Fällen.
Diese Formen musst du auswendig können! (Ein Spickzettel wäre hilfreich ...)

Übung 2

➡ Lösung S.141/2

1 Übersetze *quae* (vier Möglichkeiten):

2 Suche das Relativpronomen und unterstreiche es:

Omnes homines, qui se student praestare ceteris animalibus, summa ope niti decet, ne vitam silentio transeant.

3 Um welchen Fall des Relativpronomens kann es sich bei *qui ... student* handeln? (Vergleiche die Tabelle oben oder deinen Spickzettel!)

4 Welche Zahl ist *qui*? (Singular oder Plural)

5 Woran erkennst du das?

6 Auf welches Wort im vorhergehenden Satz bezieht sich *qui*?

7 Übersetze:

qui … student
studere = sich bemühen

---

8 Handelt es sich bei *qui* um das Subjekt (Satzgegenstand, Täter) oder um das Objekt (Opfer) des Nebensatzes (Relativsatzes)? Warum?

---

9 Unterstreiche das Relativpronomen:

Quid est, Catilina, quod iam amplius exspectes, si neque nox tenebris obscurare coetus nefarios nec privata domus parietibus continere voces coniurationis tuae potest, si inlustrantur, si erumpunt omnia?

10 Unterstreiche den Relativsatz:

… ne propter bonitatem agrorum Germani, qui trans Rhenum incolunt, ex suis finibus in Helvetiorum fines transirent et finitimi Galliae provinciae Allobrogibusque essent.

11 Unterstreiche die Relativsätze in folgender Satzperiode:

Bello Punico secundo, quo dux Carthaginiensium Hannibal post magnitudinem nominis Romani Italiae opes maxume adtriverat, Massinissa, rex Numidarum, in amicitiam receptus a P. Scipione, cui postea Africano cognomen ex virtute fuit, multa et praeclara rei militaris facinora fecerat.

12 Unterstreiche den Relativsatz:

Dum paucos dies ad Vesontionem rei frumentariae commeatusque causa moratur, ex percontatione nostrorum vocibusque Gallorum ac mercatorum, qui ingenti magnitudine corporum Germanos, incredibili virtute atque exercitatione in armis esse praedicabant (saepe numero sese cum his congressos ne vultum quidem atque aciem oculorum dicebant ferre potuisse), tantus subito timor omnem exercitum occupavit, ut non mediocriter omnium mentes animosque perturbaret.

13 Unterstreiche den oder die Relativsätze:

Horum omnium fortissimi sunt Belgae, propterea quod a cultu atque humanitate provinciae longissime absunt, minimeque ad eos mercatores saepe commeant atque ea, quae ad effeminandos animos pertinent, important, proximique sunt Germanis, qui trans Rhenum incolunt, quibuscum continenter bellum gerunt.

14 Unterstreiche die Relativsätze:

In eo itinere persuadet Castico, Catamantaloedis filio, Sequano, cuius pater regnum in Sequanis multos annos obtinuerat, ut regnum in civitate sua occuparet, quod pater ante habuerit.
obtinere = innehaben

15 Zitiere (= schreibe nieder) das Relativpronomen und das Prädikat (Verb) des ersten Relativsatzes:

---

16 In welchem Fall steht das Relativpronomen?

---

17 Kann das Relativpronomen Subjekt des Relativsatzes sein?

---

18 Auf welche(s) Wort / Wörter **davor** bezieht sich das Relativpronomen?

---

19 Übersetze Relativpronomen und Verb.

---

20 Zitiere (= schreibe nieder) das Relativpronomen und das Prädikat (Verb) des zweiten Relativsatzes:

___

21 In welchem Fall steht das Relativpronomen?

___

22 Kann das Relativpronomen Subjekt des Relativsatzes sein?

___

23 Auf welches Wort **davor** bezieht sich das Relativpronomen?

___

24 Übersetze Relativpronomen und Verb.

___

25 Unterstreiche im folgenden Text alle Relativsätze:

Ubi se diutius duci intellexit et diem instare, quo die frumentum militibus metiri oporteret, convocatis eorum principibus, quorum magnam copiam in castris habebat, in his Diviciaco et Lisco, qui summo magistratui praeerat, quem vergobretum appellant Haedui, qui creatur annuus et vitae necisque in suos habet potestatem, graviter eos accusat.

Kontrolliere Dein Ergebnis mit dem Lösungsblatt.

26 Zitiere das Relativpronomen und das Prädikat des ersten Relativsatzes:

___

27 In welchem Fall steht das Relativpronomen?

___

28 Kann das Relativpronomen Subjekt des Relativsatzes sein?

___

29 Auf welches Wort **davor** bezieht sich das Relativpronomen?

____

30 Übersetze Relativpronomen und Verb.
oportet = es gehört sich

____

31 Zitiere das Relativpronomen und das Prädikat des zweiten Relativsatzes:

____

32 In welchem Fall steht das Relativpronomen?

____

33 Kann das Relativpronomen Subjekt des Relativsatzes sein?

____

34 Auf welches Wort **davor** bezieht sich das Relativpronomen?

____

35 Übersetze Relativpronomen und Verb.
habere = haben

____

36 Zitiere das Relativpronomen und das Prädikat des dritten Relativsatzes:

____

37 In welchem Fall steht das Relativpronomen?

____

38 Kann das Relativpronomen Subjekt des Relativsatzes sein?

____

39 Auf welches Wort **davor** bezieht sich das Relativpronomen?

____

40 Übersetze Relativpronomen und Verb.
praeesse = vor(an)stehen

41 Zitiere das Relativpronomen und das Prädikat des vierten Relativsatzes:

42 In welchem Fall steht das Relativpronomen?

43 Kann das Relativpronomen Subjekt des Relativsatzes sein?

44 Auf welches Wort **davor** bezieht sich das Relativpronomen?

45 Übersetze Relativpronomen und Verb.
appellare = nennen

46 Zitiere das Relativpronomen und das Prädikat des fünften Relativsatzes:

47 In welchem Fall steht das Relativpronomen?

48 Kann das Relativpronomen Subjekt des Relativsatzes sein?

49 Auf welches Wort **davor** bezieht sich das Relativpronomen?

50 Übersetze Relativpronomen und Verb(en).
creare = wählen

51 Unterstreiche im folgenden Text alle Relativsätze:

De tertia vigilia T. Labienum, legatum pro praetore, cum duabus legionibus et iis ducibus, qui iter cognoverant, summum iugum montis ascendere iubet. Ipse de quarta vigilia eodem itinere, quo hostes ierant, ad eos contendit equitatumque omnem ante se mittit. P. Considius, qui rei militaris peritissimus habebatur et in exercitu L. Sullae et postea in M. Crassi fuerat, cum exploratoribus praemittitur.

52 Zitiere das Relativpronomen und das Prädikat des ersten Relativsatzes:

____

53 In welchem Fall steht das Relativpronomen?

____

54 Kann das Relativpronomen Subjekt des Relativsatzes sein?

____

55 Auf welches Wort **davor** bezieht sich das Relativpronomen?

____

56 Übersetze Relativpronomen und Verb.
cognoscere = kennen lernen

____

57 Zitiere das Relativpronomen und das Prädikat des zweiten Relativsatzes:

____

58 In welchem Fall steht das Relativpronomen?

____

59 Kann das Relativpronomen Subjekt des Relativsatzes sein?

____

60 Auf welches Wort **davor** bezieht sich das Relativpronomen?

61 Übersetze Relativpronomen und Verb.
ire = gehen

62 Zitiere das Relativpronomen und das Prädikat des dritten Relativsatzes:

63 In welchem Fall steht das Relativpronomen?

64 Kann das Relativpronomen Subjekt des Relativsatzes sein?

65 Auf welches Wort **davor** bezieht sich das Relativpronomen?

66 Übersetze Relativpronomen und Verb.
habere = halten für • esse = sein

Ein Konjunktiv im Relativsatz muss oft (nicht immer) mit „sollte(n)“ wiedergegeben werden:
Beispiel:
Ei placuit, ut ad Ariovistum legatos mitteret,
qui ab eo postularent, ut …
…, die von ihm fordern **sollten**, dass …

Übung 3

➡ Lösung S. 142

1 Übersetze den Relativsatz:

Caesar equitatum misit, qui sustineret hostium impetum.
sustinere = aufhalten

2 Übersetze den Relativsatz:

Eodem die ab exploratoribus certior factus hostes sub monte consedisse milia passuum ab ipsius castris octo, qualis esset natura montis et qualis in circuitu ascensus, qui cognoscerent, misit ...
cognoscere = erkennen

3 Übersetze den Relativsatz:

Caesar equitatum ... praemittit, qui videant, ...
videre = sehen

Der Tipp oben gilt nicht für alle Relativsätze. Wenn eine Wiedergabe des Konjunktivs mit „sollte(n)" keinen Sinn macht, wird der Konjunktiv im Deutschen meistens ignoriert.

4 Übersetze den Relativsatz:

Fuere item ea tempestate, qui crederent M. Licinium non ignarum eius consilii esse.
credere = glauben • *ignarus* = unwissend • *consilium* = Plan

5 Übersetze die Relativsätze:

Horum vocibus ac timore paulatim etiam ii, qui magnum in castris usum habebant, milites centurionesque quique equitatui praeerant, perturbabantur.

magnus = groß • *usus* = Erfahrung • *castra* = Lager • *equitatus* = Kavallerie • *praesse* = vorstehen

6 Übersetze die Relativsätze:

Quoniam id, quod est primum et quod huius imperii disciplinaeque maiorum proprium est, facere nondum audeo, faciam id, quod est ad severitatem lenius, ad communem salutem utilius.

primus = der Erste • *imperium* = Reich • *disciplina* = Lehrer • *maiores* = Vorfahren • *proprius* = charakteristisch • *severitas* = Strenge • *lenis* = mild • *communis* = gemeinsam • *salus* = Heil • *utilis* = nützlich

Du kannst zufrieden sein. Relativsätze beherrschst du jetzt.

Wenn du alle Nebensatzarten sicher übersetzen möchtest, solltest du die Kapitel E und F noch durcharbeiten.

K Übersetzungstexte

Die folgenden Beispiele sind zusammenhängende, typische Texte aus Schulaufgaben oder Klassenarbeiten, in denen du die in diesem Buch geübten Kenntnisse anwenden kannst. Die Lösungen sind meist wörtlich, um dir das Nachvollziehen zu erleichtern. Die Nummerierung der Sätze hilft dir bei der Kontrolle.

Text 1

1. Caesar eodem die ab exploratoribus certior factus hostes sub monte consedisse milia passuum ab ipsius castris octo, qualis esset natura montis et qualis in circuitu ascensus, qui cognoscerent, misit.
2. Renuntiatum est facilem esse.
3. De tertia vigilia T. Labienum, legatum pro praetore, cum duabus legionibus et iis ducibus, qui iter cognoverant, summum iugum montis ascendere iubet;
4. quid sui consilii sit, ostendit.
5. Ipse de quarta vigilia eodem itinere, quo hostes ierant, ad eos contendit equitatumque omnem ante se mittit.
6. P. Considius, qui rei militaris peritissimus habebatur et in exercitu L. Sullae et postea in M. Crassi fuerat, cum exploratoribus praemittitur.

Text 2

1. Haec eodem tempore Caesari mandata referebantur et legati ab Haeduis et a Treveris veniebant:
2. Haedui questum quod Harudes, qui nuper in Galliam transportati essent, fines eorum popularentur: sese ne obsidibus quidem datis pacem Ariovisti redimere potuisse;
3. Treveri autem, pagos centum Sueborum ad ripas Rheni consedisse, qui Rhenum transire conarentur;
4. his praeesse Nasuam et Cimberium fratres.
5. Quibus rebus Caesar vehementer commotus maturandum sibi existimavit, ne, si nova manus Sueborum cum veteribus copiis Ariovisti sese coniunxisset, minus facile resisti posset.
6. Itaque re frumentaria quam celerrime potuit comparata magnis itineribus ad Ariovistum contendit.

Text 3

1. Cum tridui viam processisset, nuntiatum est ei Ariovistum cum suis omnibus copiis ad occupandum Vesontionem, quod est oppidum maximum Sequanorum, contendere triduique viam a suis finibus processisse.
2. Id ne accideret, magnopere sibi praecavendum Caesar existimabat.
3. Namque omnium rerum quae ad bellum usui erant summa erat in eo oppido facultas, idque natura loci sic muniebatur ut magnam ad ducendum bellum daret facultatem, propterea quod flumen Dubis ut circino circumductum paene totum oppidum cingit, reliquum spatium, quod est non amplius pedum MDC, qua flumen intermittit, mons continet magna altitudine, ita ut radices eius montis ex utraque parte ripae fluminis contingant;
4. hunc murus circumdatus arcem efficit et cum oppido coniungit.
5. Huc Caesar magnis nocturnis diurnisque itineribus contendit occupatoque oppido ibi praesidium conlocat.

Text 4

1. Haec cum animadvertisset, convocato consilio omniumque ordinum ad id consilium adhibitis centurionibus, vehementer eos incusavit:
2. primum, quod aut quam in partem aut quo consilio ducerentur sibi quaerendum aut cogitandum putarent.
3. Ariovistum se consule cupidissime populi Romani amicitiam adpetisse;
4. cur hunc tam temere quisquam ab officio discessurum iudicaret?
5. Sibi quidem persuaderi cognitis suis postulatis atque aequitate condicionum perspecta eum neque suam neque populi Romani gratiam repudiaturum.
6. Quod si furore atque amentia impulsum bellum intulisset, quid tandem vererentur?
7. Aut cur de sua virtute aut de ipsius diligentia desperarent?
8. Factum eius hostis periculum patrum nostrorum memoria Cimbris et Teutonis a C. Mario pulsis cum non minorem laudem exercitus quam ipse imperator meritus videbatur.

Lösungen

A Ablativus absolutus

Übung 1

1 *dominus* (= Nominativ, Einzahl, männlich) wird im Ablativ (Einzahl) zu *domin**o***, in der Mehrzahl zu *domin**is***.
2 *femina* (= Nominativ, Einzahl, weiblich) wird im Ablativ (Einzahl) zu *femin**a***, in der Mehrzahl zu *femin**is***.
3 *templum* (Nominativ, Einzahl, sächlich) wird im Ablativ (Einzahl) zu *templ**o***, in der Mehrzahl zu *templ**is***.
4 *urbs* (Nominativ, Einzahl) wird im Ablativ zu *urb**e***, in der Mehrzahl zu *urb**ibus***.
5 *senatus* (Nominativ, Einzahl) wird im Ablativ zu *senat**u***.

Übung 2

1 *concilio convocato*: erstes Wort *concilio* (= Einzahl) und zweites Wort *convocato* (= Einzahl) passen in der Zahl zusammen. Beide Wörter können Ablative sein. Sie können auch im Geschlecht zusammmenpassen. Also: AA ist möglich.
2 *pugna nuntiato*: erstes Wort *pugna* (= weiblich) und zweites Wort *nuntiato* (= männlich oder sächlich, also nicht weiblich) passen im Geschlecht nicht zusammen. Also kann dies kein AA sein. Ob sie auch in der Zahl zusammmenpassen, brauchen wir deshalb gar nicht mehr prüfen.

Übung 3

1 nachdem … – … vorbereitet waren – nachdem alle Dinge vorbereitet waren / nach Vorbereitung aller Dinge
2 nachdem … – … vollendet (worden) war – nachdem dieses Werk vollendet (worden) war / nach Vollendung dieses Werks

Übung 4

1 … nachdem die höher (gelegen)en Orte besetzt (worden) waren / nach der Besetzung der …
2 … während …
3 offenstehen / offenstanden
4 während die Orte offenstanden / offenstehen

Übung 5

1 nachdem diese (in mehreren Gefechten) geschlagen waren
2 nachdem (alle) Güter verbraucht waren
3 nachdem diese Schlacht geschlagen war
4 nachdem diese Schlacht gemeldet worden war
5 nachdem die Fürsten zusammengerufen waren
6 während sie selbst nichts wussten / ahnungslos waren; ohne ihr Wissen
7 nachdem Cäsars Ankunft bekannt geworden war
8 nachdem diese Rede gehalten (worden) war / nach Abschluss dieser Rede
9 nachdem diese Sache festgelegt war
10 nachdem Geschrei gehört worden war

11 nachdem die Waffen weggeworfen worden waren
12 nachdem die Feldzeichen zurückgelassen worden waren
13 nachdem eine große Zahl getötet worden war
14 nachdem alle Dörfer und Gehöfte angezündet worden waren
15 nachdem das Getreide abgeschnitten worden war
16 nachdem das ganze Werk beendet worden war
17 nachdem der Oberbefehl übertragen war
18 nachdem ein Zeichen gegeben war / auf ein gegebenes Zeichen hin
19 nachdem die Gesandten weggeschickt waren … **Vorsicht:** *Legati* kann auch „Legaten" (= römische Offiziere) heißen!
20 während jener bot / ein Angebot machte

Übung 6

1 während mehrere anwesend waren / weil mehrere …
2 nachdem diese Dinge erkannt waren / weil … / obwohl … erkannt waren
3 nachdem die Dolmetscher entfernt worden waren / als … waren
4 während er selbst anwesend war / weil … war / in seiner Anwesenheit / wegen seiner … / trotz seiner …
5 nachdem der Fall untersucht war
6 nachdem der Plan geändert worden war
7 nachdem die Marschrichtung umgekehrt worden war
8 nachdem die Kavallerie zurückgeworfen war / weil …
9 nachdem eine Phalanx gebildet war / als … war
10 nachdem diese zersprengt war / als … / weil … war
11 nachdem die Schilde durchbohrt und zusammengeheftet waren (**Achtung:** Schilde**r** sind z. B. Nummernschilder) / weil … waren
12 nachdem der Arm geschüttelt worden war / als … war
13 nachdem die Pferde weggebracht worden waren
14 nachdem die Gefahr für alle gleich (gemacht worden) war
15 nachdem der Berg / die Höhe besetzt worden war

Übung 7

1 nachdem die Höhe besetzt war und während unsere Leute nachrückten
2 nachdem der Marsch unterbrochen war
3 nachdem die Waffen übergeben waren
4 während die Häduer baten / da / weil / als … baten

Manchmal ist nicht genau zu entscheiden, ob ein doppelter Ablativ vorliegt oder ein doppelter Dativ. In Beispiel 4 haben wir uns für einen AA entschieden, obwohl ein *concessit* folgt.

5 nachdem der Krieg beendet war / nach Kriegsende
6 nachdem diese Dinge gehört worden waren / als man von … gehört hatte
7 nachdem dieser Mörder beseitigt war / ist

Es ist dem AA nicht immer anzusehen, ob sein Satz in der Gegenwart spielt oder nicht. Daher könnte *hoc parricida interfecto* auch heißen „wenn dieser Mörder erst einmal beseitigt ist". Das muss nach dem Sinn des Gesamtsatzes oder sogar des Gesamttextes entschieden werden.

8 Nachdem dieser eine beseitigt ist / war (Vergleiche die Bemerkung zu Beispiel 7.)
9 Nachdem kein Aufruhr erregt worden war (Das ist im Deutschen kaum akzeptabel. Also:) ohne Aufruhr zu erregen

Übung 8

1 nachdem Gallien ruhig war / als … / weil … *quieta* wird hier als ein Partizip verwendet.
2 als ich Konsul war / unter meinem Konsulat / zur Zeit meines Konsulats
3 unter dem Konsulat von C. Marius und L. Valerius
4 während ich befehle / befahl / unter meinem Befehl

Oft ist es praktischer, die AA-Übersetzung zu substantivieren (befehlen ▷ Befehl), dann braucht man sich meist nicht um das Zeitverhältnis zu kümmern (Beispiel 4).

5 ohne vorhergehenden Grund / ohne dass ein Grund vorhergeht / vorherging
6 nachdem die Sieger gelobt worden waren / nach dem Lob für die Sieger / weil / als die Sieger gelobt (worden) waren
7 nachdem die Völker niedergerungen waren / weil / als …

Übung 9

1 nachdem (nur) ein geringer Teil des Sommers übrig war (Abl*: exigua, parte, reliqua*) / weil …
2 gegen Cäsars Willen
3 auf Veranlassung des Senats
4 nachdem lange gekämpft worden war / als … gestritten … war; *certato* ist natürlich ein Partizip! *Diu* nimmt hier die Stelle eines Partizips ein.
5 unter Hannibals Führung
6 nachdem der Vater gestorben war
7 als Augustus lebte / zu Lebzeiten von Augustus
8 mit Gott als Zeugen (Ob das wirklich ein AA ist, könnte man bezweifeln. Egal!)
9 während die Natur lehrt / mit der Natur als Lehrerin …
10 nachdem ein Grund gefunden ist / war / nach dem Finden eines Grundes

Du merkst wieder, bei der substantivischen Übersetzung („Finden") kannst du dich um die Entscheidung für eine Zeitform drücken!

11 Ohne Rächer („mit keinem Rächer")
12 Ohne Zwang (während keiner zwingt / zwang)
13 Nachdem Saturn geschickt worden war

Übung 10

1 Ja; Sorte: nachdem; Passiv, vorzeitig: nachdem diese Schlacht … gemeldet worden war … **Achtung:** *hoc* ist auch Ablativ, also, nachdem **diese** Schlacht …
2 Nein. Als einzige Ablativendung kommt *iis* in Frage; *iis* ist aber durch *ex* hervorgerufen, also kein AA-Ablativ.
3 Ja, aber ein bisschen viele Ablative, nämlich 6 Stück! Welcher gehört zu welchem? *Una aestate* ist Singular, der Rest ist Plural. *Una aestate* ist wohl kein AA, denn es fehlt ein Partizip im Singular. Es handelt sich wohl um eine Zeitangabe (auf die Frage: wann? = bloßer Ablativ). Die anderen Wörter passen zusammen. Eins von ihnen ist ein Partizip *(confectis):* Versuchen wir's:
„Nachdem (in einem Sommer) zwei sehr große Kriege beendet worden waren …";
paulo ist Adverb. *In hiberna* ist Akkusativ Neutrum Plural;
„führte Cäsar sein Heer ein wenig früher, als es die Jahreszeit erforderte, ins Winterlager."
4 Nein. *Hibernis* ist Dativ, ausgelöst durch *praeposuit.*

5 Haec cum animadvertisset, convocato consilio omniumque ordinum ad id consilium adhibitis centurionibus, vehementer eos incusavit: primum, quod aut quam in partem aut quo consilio ducerentur sibi quaerendum aut cogitandum putarent …
Sibi quidem persuaderi cognitis suis postulatis atque aequitate condicionum perspecta eum neque suam neque populi Romani gratiam repudiaturum. …
Factum eius hostis periculum patrum nostrorum memoria Cimbris et Teutonis a C. Mario pulsis [cum non minorem laudem exercitus quam ipse imperator meritus videbatur]; factum etiam nuper in Italia servili tumultu, quos tamen aliquid usus ac disciplina, quam a nobis accepissent, sublevarent …
Si quos adversum proelium et fuga Gallorum commoveret, hos, si quaererent, reperire posse diuturnitate belli defatigatis Gallis Ariovistum, cum multos menses castris se ac paludibus tenuisset neque sui potestatem fecisset, desperantes iam de pugna et dispersos subito adortum magis ratione et consilio quam virtute vicisse.
… Quod non fore dicto audientes neque signa laturi dicantur, nihil se ea re commoveri: scire enim, quibuscumque exercitus dicto audiens non fuerit, aut male re gesta fortunam defuisse aut aliquo facinore comperto avaritiam esse convictam.

B Gerund

Übung 1

1. templ-**um**
2. templ-**i**
3. templ-**o**
4. templ-**um** (wie im Nominativ, wie immer beim Neutrum)
6. templ-**o** (wie beim Dativ)

Plural: ist uns egal! Der 5. Fall? Vergiss ihn.

Übung 2

1. pugna-**re**	das Kämpfen
2. pugna-**nd-i**	des Kämpfens
3. pugna-**nd-o**	dem Kämpfen
4. pugna-**nd-um**	das Kämpfen
6. pugna-**nd-o**	durch das Kämpfen, beim Kämpfen

Neben *pugnandum* kannst du auch *pugnare* als Akkusativ finden, weil das Gerund als Neutrum betrachtet wird („das Kämpfen"). Beim Neutrum sind Nominativ und Akkusativ gleich.

Übung 3

1 Eifer des Kämpfens ▷ Lust zu kämpfen / Kampfeslust / Kampfeseifer
2 Gelegenheit des Fliehens ▷ Gelegenheit zur Flucht ▷ Fluchtgelegenheit / Gelegenheit zu fliehen
3 durch klug Handeln ▷ durch kluges Handeln
4 begierig des Kriegführens ▷ kriegslüstern / begierig Krieg zu führen
5 zum Aufbrechen ▷ zum Aufbruch, zur Abreise
6 Grund des Sündigens ▷ Grund zum Sündigen / Grund zu sündigen
7 zum Überlegen ▷ zur Überlegung
8 Grund des miteinander Sprechens ▷ Grund miteinander zu sprechen / für eine Verhandlung
9 Art des Lebens ▷ Art (miteinander) zu leben
10 wegen des Spionierens ▷ um zu spionieren / aus Spionagegründen / zur Spionage

Übung 4

1 wegen des sich Schützens ▷ um sich zu schützen
2 nicht durch (das) Zögern, sondern durch (das) Handeln
3 Gelegenheit des eine Reise machens ▷ Gelegenheit zu einer Reise / einem Marsch / Gelegenheit, eine Reise zu machen
4 ein Ende des Bittens machen ▷ mit dem Bitten aufzuhören
5 wegen des ihn Bekämpfens ▷ um ihn zu bekämpfen
6 zum Vesontio Besetzen ▷ um Vesontio zu besetzen / zur Besetzung Vesontios
7 zum den Krieg in die Länge Ziehen ▷ um den Krieg in die Länge zu ziehen
8 Begierde des Führens des Krieges ▷ Lust Krieg zu führen
9 sehr bereit zum den Krieg Führen ▷ sehr bereit, (den) Krieg zu führen
10 gerechter Grund des Forderns ▷ berechtigter Grund zu fordern / für Forderung(en)
11 zum ihn Bekämpfen kommen ▷ kommen, um ihn zu bekämpfen
12 den Feinden die Gelegenheit des Kämpfens geben ▷ dem Feind Gelegenheit zum Kampf bieten
13 er machte ein Ende des Sprechens ▷ er hörte auf zu sprechen / er brach das Gespräch ab
14 Raum des die Speere Werfens ▷ Platz / Raum um die Speere zu werfen / zum Werfen der Speere (nicht: „zum Speerwerfen“ = Sportdisziplin)
15 die Notwendigkeit des Geiseln Gebens ▷ Notwendigkeit, Geiseln zu stellen
16 freier Geist im Beraten ▷ unabhängiger Geist bei Beratungen

C Gerundiv

Übung 1

	Singular		
1. Fall	bon-us	bon-a	bon-um
2. Fall	-i	-ae	-i
3. Fall	-o	-ae	-o
4. Fall	-um	-am	-um
6. Fall	-o	-a	-o
	Plural		
1. Fall	bon-i	bon-ae	bon-a
2. Fall	-orum	-arum	-orum
3. Fall	-is	-is	-is
4. Fall	-os	-as	-a
6. Fall	-is	-is	-is

Übung 2

Indictis inter se principes Galliae conciliis silvestribus ac remotis locis queruntur de Acconis morte; posse hunc casum ad ipsos recidere demonstrant: miserantur communem Galliae fortunam: omnibus pollicitationibus ac praemiis deposcunt qui belli initium faciant et sui capitis periculo Galliam in libertatem vindicent. In primis rationem esse habendam dicunt, priusquam eorum clandestina consilia efferantur, ut Caesar ab exercitu intercludatur.

Cognito eius consilio ad arma concurritur. Prohibetur ab Gobannitione, patruo suo, reliquisque principibus, qui hanc temptandam fortunam non existimabant; expellitur ex oppido Gergovia; non destitit tamen atque in agris habet dilectum egentium ac perditorum.

Vercingetorix tot continuis incommodis Vellaunoduni, Cenabi, Novioduni acceptis suos ad concilium convocat. Docet longe alia ratione esse bellum gerendum atque antea gestum sit. Omnibus modis huic rei studendum, ut pabulatione et commeatu Romani prohibeantur. Id esse facile, quod equitatu ipsi abundent et quod anni tempore subleventur. Pabulum secari non posse; necessario dispersos hostes ex aedificiis petere: hos omnes cotidie ab equitibus deligi posse. Praeterea salutis causa rei familiaris commoda neglegenda: vicos atque aedificia incendi oportere hoc spatio ab via quoque versus, quo pabulandi causa adire posse videantur. Harum ipsis rerum copiam suppetere, quod, quorum in finibus bellum geratur, eorum opibus subleventur: Romanos aut inopiam non laturos aut magno periculo longius ab castris processuros; neque interesse, ipsosne interficiant, impedimentisne exuant, quibus amissis bellum geri non possit. Praeterea oppida incendi oportere, quae non munitione et loci natura ab omni sint periculo tuta, neu suis sint ad detractandam militiam receptacula neu Romanis proposita ad copiam commeatus praedamque tollendam

Übung 3

Achtung: Hier findest du meistens als erste eine sehr wörtliche Lösung, die im Deutschen nicht immer akzeptabel ist. Sie soll dich zu den anderen Lösungen hinführen. Hervorgehobene Wörter und Buchstaben machen auf typische Kennzeichen von Gerundivübersetzungen aufmerksam. Häufig wirst du das Wort „zu" benutzen. Beispiel: eine zu erledigende Aufgabe = eine Aufgabe, die zu erledigen ist.

1 eine **zu** erledigende Angelegenheit / eine Angelegenheit, die **zu** erledigen ist / erledigt **werden muss**

2 ein junger Mann von **zu** lobe**nder** Tüchtigkeit / ein junger Mann von Tüchtigkeit, die **zu** loben ist / die gelobt **werden muss**

3 zu den ab**zu**halte**nd**en Gerichtstagen / zu den Gerichtstagen, die ab**zu**halten sind / abgehalten **werden müssen**

4 zu allen auf sich **zu** nehme**nd**en Gefahren / zu allen Gefahren, die **zu** akzeptieren sind / die akzeptiert **werden müssen**

5 zu den **zu** verweichliche**nd**en Herzen / zum Verweichlichen der Herzen / des Geistes (nicht: der Geister!); hier hat das „müssen" wenig Sinn!

6 zum **zu** verminder**nd**en Einfluss / zum Einfluss, der **zu** vermindern ist / zur Verminderung des Einflusses / **um** den Einfluss zu vermindern / zum Einfluss, der vermindert **werden muss**

7 wegen des **zu** bekämpfe**nd**en Galliens / wegen Galliens, das **zu** bekämpfen ist / war / wegen Galliens, das bekämpft **werden muss** / um Gallien **zu** bekämpfen

8 wegen deiner ab**zu**wehre**nd**en Pläne / wegen deiner Pläne, die ab**zu**wehren sind / wegen deiner Pläne, die abgewehrt **werden müssen** / zur Abwehr deiner Pläne

9 „die Schwierigkeit der **zu** verteidigenden Stadt" Das geht im Deutschen nicht. Ebensowenig geht: „die Schwierigkeit der Stadt, die verteidigt **werden muss**". Schließlich ist es nicht die Stadt, die schwierig ist, sondern ihre Verteidigung. Richtig ist: „die Schwierigkeit des Verteidigens / der Verteidigung der Stadt / die Schwierigkeit, die Stadt zu verteidigen". Auch hier muss auf das „müssen" im Deutschen verzichtet werden wie in Übungssatz 5.

10 Karthago ist eine **zu** zerstörende / Karthago ist **zu** zerstören / Karthago **muss** zerstört **werden**

11 Verträge sind **zu** halte**nd**e / Verträge sind **zu** halten / Verträge **müssen** gehalten **werden**

Wenn kein lateinischer Täter-Dativ vorhanden ist und das Gerundiv auf *-um* endet, versuche es mit der Übersetzung „man" …
***Laborandum est.* = Man muss arbeiten / es ist zu arbeiten.**

12 Über Geschmäcker (Geschmack) es ist nicht ein **zu** streite**nd**es / über Geschmack ist nicht **zu** streiten / über Geschmack **kann** man / **darf** man nicht streiten.

13 Der gallische Boden ist ein nicht **zu** vergleiche**nd**er mit dem der Germanen / der gallische Boden ist nicht **zu** vergleichen mit dem der Germanen / der gallische Boden **darf / kann** nicht verglichen werden mit dem der Germanen.

14 Diese Lebensweise ist eine nicht **zu** vergleiche**nd**e mit jener / diese Lebensweise ist nicht **zu** vergleichen mit jener / diese Lebensweise **kann** nicht / **darf** nicht mit jener verglichen **werden**.

15 Allen Galliern ist dasselbe ein **zu** Tue**nd**es, was die Helvetier taten / allen Galliern ist dasselbe **zu** tun, was die Helvetier taten / alle Gallier **müssen** dasselbe tun, was die Helvetier taten / von allen Galliern **muss** dasselbe getan **werden**, was die Helvetier taten.

16 es ist ein zu Überlegendes / es ist zu überlegen / man muss überlegen

17 es ist ein zu Beeilendes / es ist zu beeilen / man muss sich beeilen

18 es war ein weiter Vorzurückendes / es war weiter vorzurücken / man musste weiter vorrücken

19 es war ein schneller Zurückzuziehendes / es war schneller zurückzuziehen / man musste sich schneller zurückziehen

20 er sorgt für die zu machende Brücke / er sorgt dafür, dass die Brücke gebaut wird / werden muss / er sorgt für den Bau der Brücke

21 Ich schicke dir das zu lesende Buch / das Buch, das zu lesen ist / das Buch, das gelesen werden muss / das Buch zum Lesen.

22 Hier fehlt nach *prospiciendum* das Wort *esse*, das häufig weggelassen wird; *existimat* löst einen AcI aus: er glaubt, dass man sich um die Getreideversorgung kümmern muss / es ist sich um die Getreideversorgung zu kümmern

23 ihm (ihr) ist ein zu Verhütendes / ihm ist zu verhüten / er (sie) muss verhüten

24 ihm (oder ihr oder ihnen) ist ein zu Fragendes / ihm ist zu fragen / er muss fragen

25 ihm (oder ihr oder ihnen) ist ein zu Denkendes / ihm ist zu denken / er (sie) muss (müssen) (nach)denken

26 Hier fehlt nach *committendum* ein *esse,* das häufig weggelassen wird: er glaubt, dass (das) nicht ein Zuzulassendes ist / dass das nicht zuzulassen ist / dass das nicht zugelassen werden dürfte / dass man das nicht zulassen dürfe

27 er glaubt, dass (das) nicht ein zu Erlaubendes ist / dass das nicht zu erlauben ist / dass das nicht erlaubt werden dürfte / dass man das nicht erlauben dürfe

28 Hier fehlt nach *exspectandum* ein *esse*, das häufig weggelassen wird: Cäsar beschloss, dass (das) nicht ein zu Erwartendes ist / dass das nicht abzuwarten ist / dass das nicht abgewartet werden dürfte / dass man das nicht abwarten dürfe.

29 eine Freundschaft erwerben durch zu gebende Wohltaten / eine Freundschaft erwerben durch das Geben von Wohltaten / eine Freundschaft erwerben durch Wohltätigkeit. (Hier hat „müssen" keinen Sinn.)

30 der Staat ist uns ein zu Leitender / der Staat ist uns zu leiten / wir müssen den Staat leiten

31 Ihm ist Dank ein zu Habender / ihm ist Dank zu haben / ihm muss Dank abgestattet werden (oder auch: er muss Dank abstatten).

32 verhandeln über die zu verteidigenden Bundesgenossen / verhandeln über die Bundesgenossen, die verteidigt werden müssen / über die Verteidigung der Bundesgenossen verhandeln

33 Die Gallier sind wankelmütig in den zu fassenden Plänen / beim Fassen von Plänen / bei den Plänen, die gefasst werden müssen.

34 Seine Anmaßung ist eine nicht zu ertragende / ist nicht zu ertragen / kann / darf / soll nicht ertragen werden / ist unerträglich.

35 Durch den zu beseitigenden Aberglauben wird die Religion nicht beseitigt / durch die Beseitigung des Aberglaubens wird die Religion nicht beseitigt.

36 Nach *transeundum* fehlt *esse*, wie das häufig der Fall ist. Cäsar meinte, dass der Rhein ihm ein zu Überschreitender sei / dass der Rhein von ihm zu überschreiten sei / dass er den Rhein überschreiten müsse / dass der Rhein überschritten werden müsse.

D Hauptsätze

Übung 1

1 Das Verb (Tätigkeitswort) des Hauptsatzes steht meistens in der Wirklichkeitsform (Indikativ). Es gibt aber Ausnahmen.
2 Beide Verben stehen im Konjunktiv.
3 Beide Verben stehen im Konjunktiv.
4 Weil ein Satz, der mit *si* oder *nisi* eingeleitet wird, ein Nebensatz ist. Also ist bei Satz 2 *reminisceretur ... Helvetiorum* der Hauptsatz. Also ist bei Satz 3 *vellem esse Diogenes* der Hauptsatz.
5 Sie werden von bestimmten „Nebensatz-Kennzeichen-Wörtern" eingeleitet.
6 Relativpronomen oder Fragewörter oder so genannte „unterordnende Konjunktionen"

Übung 2

1 **Übrig bleibt:**
convocatis eorum principibus graviter eos accusat
multo etiam gravius queritur.
2 **Übrig bleibt:**
Eodem die ab exploratoribus certior factus hostes sub monte consedisse milia passuum ab ipsius castris octo.
misit.
De tertia vigilia T. Labienum, legatum pro praetore, cum duabus legionibus et iis ducibus summum iugum montis ascendere iubet;
ostendit.
Ipse de quarta vigilia eodem itinere ad eos contendit equitatumque omnem ante se mittit.
P. Considius cum exploratoribus praemittitur.
3 In eo itinere persuadet Castico, Catamantaloedis filio, Sequano, cuius pater regnum in Sequanis multos annos obtinuerat, ut regnum in civitate sua occuparet, quod pater ante habuerit.
4 Relativpronomen oder Fragewörter oder so genannte „unterordnende Konjunktionen"
5 cuius ... et ... ut ... quod ...
6 In eo itinere persuadet Castico
7 Faciam, et ingrediar in disputationem ea lege
8 satis esse causae arbitrabatur
9 Ob eam rem placuit ei
10 Id ea maxime ratione fecit
11 Caesar vehementer commotus maturandum sibi existimavit
Der eingeschobene Nebensatz:
Si nova manus Sueborum cum veteribus copiis Ariovisti sese coniunxisset
12 Caesar initio orationis sua senatusque in eum beneficia commemoravit
13 Massinissa, rex Numidarum, in amicitiam receptus a P. Scipione, multa et praeclara rei militaris facinora fecerat
14 Der Hauptsatz lautet: *tantus subito timor omnem exercitum occupavit*
15 Prädikat: *occupavit*
Subjekt: *(tantus) timor*
Akkusativ-Objekt: *(omnem) exercitum*
die restlichen Teile des Hauptsatzes: *subito*
16 So große Furcht befiel plötzlich das gesamte Heer
17 nein
18 Der Hauptsatz lautet: *Horum omnium fortissimi sunt Belgae*

19 Prädikat: *sunt*
Subjekt: *Belgae / fortissimi*
Akkusativ-Objekt: –
die restlichen Teile des Hauptsatzes: *Horum omnium; fortissimi*

20 Deren aller Tapferste sind die Belger / die Belger sind die Tapfersten all dieser / Von ihnen allen sind die Belger die Tapfersten.

21 nein

22 Der Hauptsatz lautet: *Quid est, Catilina* (**Achtung:** Fragezeichen, also Fragesatz!)

23 Prädikat: *est*
Subjekt: *quid*
Akkusativ-Objekt: –
die restlichen Teile des Hauptsatzes: *Catilina*

24 Was ist es, Catilina …

25 nein

26 Der Hauptsatz lautet: *Labienus monte occupato nostros exspectabat proelioque abstinebat.*

27 Prädikat: *exspectabat*
Subjekt: *Labienus*
Akkusativ-Objekt: *nostros*
die restlichen Teile des Hauptsatzes: *monte occupato*

28 Labienus erwartete die Unsrigen, nachdem der Berg besetzt war (AA) …

29 ja: *proelioque abstinebat* = und hielt sich von einem Gefecht fern / vor einem Gefecht zurück …

30 Der Hauptsatz lautet: *Gallis magno ad pugnam erat impedimento*

31 Prädikat: *erat*
Subjekt: –
Akkusativ-Objekt: –
die restlichen Teile des Hauptsatzes: … *Gallis magno ad pugnam* … *impedimento* …

32 Den Galliern war beim Kampf ein großes Hindernis …

33 nein

Übung 3

1 Der Hauptsatz lautet: *Decrevit quondam senatus*
Einst beschloss der Senat …

2 Der Hauptsatz lautet: *In castris Helvetiorum tabulae repertae sunt litteris Graecis confectae et ad Caesarem relatae*
Im Lager der Helvetier wurden Tafeln gefunden, in griechischer Schrift angefertigt, und Cäsar überbracht …

3 Der Hauptsatz lautet: *Horum vocibus ac timore paulatim etiam ii milites centurionesque perturbabantur.*
Durch deren Gerede und Furcht wurden allmählich auch diejenigen Soldaten und Zenturionen verwirrt / beunruhigt …

4 Der Hauptsatz lautet: *faciam id*
ich werde das tun

5 Der Hauptsatz lautet: *vereor*
ich fürchte

E Indirekte Fragesätze

Übung 1

1 *cur* = warum
2 *-ne … an* = ob … oder ob …
3 *num* = ob
4 *quando* = wann
5 *qui* = welcher
6 *quis* = wer
7 *quid* = was
8 *quare* = warum
9 *quomodo* = wie
10 *quot* = wie viel(e)
11 *qualis* = wie beschaffen
12 *si* = ob
13 *ubi* = wo
14 *unde* = woher
15 *ut* = wie
16 *utrum … an* = ob … oder (nicht)

Übung 2

1 ; quid sui consilii sit, (Du siehst, das Verb im indirekten Fragesatz steht (meist) im Konjunktiv!)
2 ; er macht klar, was sein Plan ist / sei.
3 , quare in eum aut ipse animadverteret aut civitatem animadvertere iuberet.
4 , warum er entweder selbst gegen ihn vorgehe oder dem Stamm befehle, gegen ihn vorzugehen.
5 , unde Helvetii discesserant – *discesserant* ist Indikativ; also: kein innerlich abhängiger Fragesatz!
6 von wo die Helvetier weggezogen waren
7 (Epaminondas fragte), ob sein Schild heil sei.
8 Viele Umstände ermahnten ihn, warum er glaubte …
9 Die Helvetier versuchten, ob sie (vielleicht) durchbrechen könnten.
10 Eine Rechnung war angefertigt worden, welche Zahl von zu Hause weggegangen war.
11 Die Sache scheint zu fordern zu erörtern, wie unsere Vorfahren den Staat führten.
12 Er machte (ihnen) Vorwürfe, weil sie glaubten, sie müssten fragen, in welche Richtung sie geführt würden. (Wenn du mit der Form *quaerendum* ein Problem hast, empfehle ich dir die Kapitel B *Gerund* und C *Gerundiv*!)
13 Er stellt dem D. Wachen, damit er wissen könne, was er tut / tat / tue und mit wem er spricht / sprach / spräche / spreche. (Du siehst, hier ist der Unterschied zwischen indirektem Fragesatz und Relativsatz sehr verwischt. Wenn du Probleme hattest mit den Formen *quae* und *quibuscum,* empfehle ich dir das Kapitel J *Relativsätze*.)
14 Bei den Germanen erklärten die Familienmütter, ob es zweckmäßig sei, ein Gefecht zu beginnen oder nicht.
15 Lange herrschte ein großer Streit unter den Menschen, ob durch die Kraft des Körpers oder durch die des Geistes das Militärwesen mehr Fortschritte mache.
16 Wenn er auch die alte Schmach vergessen wollte, könne er etwa auch die Erinnerung an die neuen Ungerechtigkeiten beiseite schieben? – *posse* ist Infinitiv; also: Frage in der indirekten Rede!

F Konjunktionale Nebensätze

Übung 1

1 wenn
2 wenn (nicht)
3 wenn, als, (zumal) da, obwohl, indem (**Achtung:** nicht *cum* = mit = Präposition!)
4 (deswegen) weil, da
5 da ja
6 dass, damit
7 (so)dass nicht (in Konsekutivsätzen) (**Achtung:** *ut* mit Indikativ = wie)
8 damit nicht (manchmal: dass) (in Finalsätzen)
9 wie, sobald
10 als, wenn, sobald, während, obgleich
11 solange bis, während, wenn nur
12 als, wo
13 ehe, bevor
14 nachdem
15 obwohl
16 dass, dass nicht

Übung 2

1+2 z. B. cum, dum, postquam, ubi, ut
3+4 z. B. cum, quod, quoniam
5+6 si, nisi
7+8 ut, ut non
9+10 ut, ne

Übung 3

1 graviter eos accusat; multo etiam gravius queritur.
2 Konjunktionen: *quod, praesertim cum, quod*
Relativpronomen: *quo die, quorum, qui*
3 Eodem die ab exploratoribus certior factus hostes sub monte consedisse milia passuum ab ipsius castris octo, qualis esset natura montis et qualis in circuitu ascensus qui cognoscerent, misit. De tertia vigilia T. Labienum, legatum pro praetore, cum duabus legionibus et iis ducibus, qui iter cognoverant, summum iugum montis ascendere iubet; quid sui consilii sit, ostendit. Ipse de quarta vigilia eodem itinere, quo hostes ierant, ad eos contendit equitatumque omnem ante se mittit. P. Considius, qui rei militaris peritissimus habebatur et in exercitu L. Sullae et postea in M. Crassi fuerat, cum exploratoribus praemittitur.
4 Es handelt sich um indirekte Fragesätze. Mehr dazu findest du im Kapitel E.
5 Ein Komma bzw. ein Punkt oder Strichpunkt steht am Anfang und am Ende eines NS. (Vorsicht: Nicht jedes Komma trennt zwei Sätze voneinander!) Das Komma ist also für unser Übersetzen ein besonders wichtiges Signal.
6 In eo itinere persuadet Castico, Catamantaloedis filio, Sequano, cuius pater regnum in Sequanis multos annos obtinuerat et a senatu populi Romani amicus appellatus erat, ut regnum in civitate sua occuparet, quod pater ante habuerit.
7 Finalsatz (Begehr- bzw. Absichtssatz)
8 Faciam, quod vultis, ut potero, et ingrediar in disputationem ea lege, qua credo omnibus in rebus disserendis utendum esse, si errorem velis tollere.

9 Konditionalsatz

10 Cum ad has suspiciones certissimae res accederent, quod per fines Sequanorum Helvetios traduxisset, quod obsides inter eos dandos curasset, quod ea omnia non modo iniussu suo et civitatis sed etiam inscientibus ipsis fecisset, quod a magistratu Haeduorum accusaretur, satis esse causae arbitrabatur, quare in eum aut ipse animadverteret aut civitatem animadvertere iuberet.

11 Nr. 2: Kausalsatz
Nr. 3: Kausalsatz
Nr. 4: Kausalsatz
Nr. 5: indirekter Fragesatz

12 Ob eam rem placuit ei, ut ad Ariovistum legatos mitteret, qui ab eo postularent, uti aliquem locum medium utrisque conloquio deligeret.

13 Id ea maxime ratione fecit, quod noluit eum locum, unde Helvetii discesserant, vacare, ne propter bonitatem agrorum Germani, qui trans Rhenum incolunt, ex suis finibus in Helvetiorum fines transirent et finitimi Galliae provinciae Allobrogibusque essent.

14 Nr. 1: Kausalsatz
Nr. 3: Finalsatz
Nr. 4: Relativsatz

15 …, si nova manus Sueborum cum veteribus copiis Ariovisti sese coniunxisset,

16 Ubi eo ventum est, Caesar initio orationis sua senatusque in eum beneficia commemoravit, quod rex appellatus esset a senatu, quod amicus, quod munera amplissime missa.

17 Temporalsatz

18 Bello Punico secundo, quo dux Carthaginiensium Hannibal post magnitudinem nominis Romani Italiae opes maxume adtriverat, Massinissa, rex Numidarum, in amicitiam receptus a P. Scipione, cui postea Africano cognomen ex virtute fuit, multa et praeclara rei militaris facinora fecerat.

19 Relativsätze

Wenn die Schar der Sueben sich mit den alten Truppen Ariovists verbindet / vereinigt hätte, …

Übung 4

1 ut non mediocriter omnium mentes animosque perturbaret.

2 Konjunktion: *ut non*
Prädikat: *perturbaret*
Subjekt: –
Akkusativ-Objekt: *mentes animosque*
die restlichen Teile des Nebensatzes: *mediocriter; omnium*

3 dass er / sie nicht wenig („mittelmäßig") die Herzen und Sinne aller verwirrte

4 propterea quod a cultu atque humanitate provinciae longissime absunt …

5 Konjunktion: *propterea quod*
Prädikat: *absunt*
Subjekt: –
Akkusativ-Objekt: –
die restlichen Teile des Nebensatzes: *a cultu atque humanitate; provinciae; longissime*

6 , weil sie von Zivilisation und Menschlichkeit unserer Provinz am weitesten entfernt sind

7 Quid est, Catilina, quod iam amplius exspectes, si neque nox tenebris obscurare coetus nefarios nec privata domus parietibus continere voces coniurationis tuae potest, si inlustrantur, si erumpunt omnia?

8 Konjunktion: *quod* (eigentlich Relativpronomen)
Prädikat: *expectes*
Subjekt: – (im Verb enthalten: du)
Akkusativ-Objekt: *quod* (Relativpronomen!)
die restlichen Teile des Nebensatzes: *iam* (eigentlich = schon); *amplius* = weiter

9 , was du noch weiter erwartest

10 Konjunktion: *si*
Prädikat: *potest … obscurare* und *continere*
Subjekt: *neque nox nec privata domus*
Akkusativ-Objekt: *coetus nefarios* und *voces*
die restlichen Teile des Nebensatzes: *tenebris parietibus*; *coniurationis tuae*

11 , wenn weder die Nacht mit ihrer Finsternis die verbrecherische Zusammenkunft verbergen kann noch das Wohnhaus in seinen Wänden die Stimmen deiner Verschwörung zurückhalten kann …

12 Konjunktion: *si*
Prädikat: *inlustrantur* und *erumpunt*
Subjekt: *omnia*
Akkusativ-Objekt: –
die restlichen Teile des Nebensatzes: –

13 , wenn alles beleuchtet wird (ans Licht kommt)

14 Konjunktion: *si*
Prädikat: *erumpunt*
Subjekt: *omnia*
Akkusativ-Objekt: –
die restlichen Teile des Nebensatzes: –

15 und alles herauskommt.

Übung 5

1 Labienus, ut erat ei praeceptum a Caesare, ne proelium committeret, nisi ipsius copiae prope hostium castra visae essent, ut undique uno tempore in hostes impetus fieret, monte occupato nostros exspectabat proelioque abstinebat.

Erster Nebensatz:
Konjunktion: *ut* (mit Indikativ!)
Prädikat: *praeceptum erat*
Subjekt: –
Akkusativ-Objekt: –
die restlichen Teile des Nebensatzes: *ei* = ihm (von *Caesar*)
…, wie ihm von Cäsar vorgeschrieben worden war

Zweiter Nebensatz:
Konjunktion: *ne*
Prädikat: *committeret*
Subjekt: –
Akkusativ-Objekt: *proelium*
die restlichen Teile des Nebensatzes: –
…, dass er kein (nicht ein) Gefecht beginne

Dritter Nebensatz:
Konjunktion: *nisi*
Prädikat: *visae essent*
Subjekt: *copiae*
Akkusativ-Objekt: –
die restlichen Teile des Nebensatzes: *ipsius* und *prope castra hostium*
…, wenn nicht (außer wenn) seine (seiner selbst) Truppen nahe dem Lager der Feinde gesichtet worden wären …

Vierter Nebensatz:
Konjunktion: *ut* (mit Konjunktiv)
Prädikats: *fieret*
Subjekts: *impetus*
Akkusativ-Objekt: –
die restlichen Teile des Nebensatzes: *undique*; *uno tempore*; *in hostes*
..., damit von allen Seiten her zur selben Zeit ein Angriff gegen die Feinde gemacht werde

2 Gallis magno ad pugnam erat impedimento, quod pluribus eorum scutis uno ictu pilorum transfixis et conligatis, cum ferrum se inflexisset, neque evellere neque sinistra impedita satis commode pugnare poterant, ut multi diu iactato bracchio praeoptarent scutum manu emittere et nudo corpore pugnare.

Erster Nebensatz:
Konjunktion: *quod*
Prädikat: *poterant*
Subjekt: –
Akkusativ-Objekt: –
die restlichen Teile des Nebensatzes: *neque evellere*; *neque pugnare*; *sinistra impedita*; *satis commode*;
pluribus eorum scutis; *uno ictu pilorum transfixis*; *conligatis*
, weil sie – nachdem mehrere ihrer Schilde durch einen Wurf der Pilen durchbohrt und zusammengeheftet waren – diese weder herausreißen konnten, noch mit der (so) behinderten Linken genügend bequem kämpfen konnten

Zweiter Nebensatz:
Konjunktion: *cum*
Prädikat: *inflexisset*
Subjekt: *ferrum*
Akkusativ-Objekt: *(se)*
die restlichen Teile des Nebensatzes: –
..., da das Eisen (die Eisenspitze) sich umgebogen hatte

Dritter Nebensatz:
Konjunktion: *ut*
Prädikat: *praeoptarent*
Subjekt: *multi*
Akkusativ-Objekt: *scutum manu emittere*; *nudo corpore pugnare*
die restlichen Teile des Nebensatzes: *diu iactato bracchio*
, (so)dass viele – nachdem sie lange den Arm geschüttelt hatten – es vorzogen, den Schild aus der Hand fallen zu lassen und mit (nacktem=) ungeschütztem Körper zu kämpfen ...

3 Finalsätze
..., dass der Konsul L. Opimius zusehe / darauf achte ...; dass der Staat keinen Schaden nehme

4 Quoniam id facere nondum audeo (Du siehst, hier ist in den ersten NS ein zweiter NS eingeschoben).
..., weil ich es noch nicht wage, das zu tun, ...

5 ne Romulus barbarorum rex fuerit.
..., dass Romulus der / ein König der Barbaren gewesen ist.

G Oratio obliqua

Übung 1

Infinitive

1 gegeben (zu) haben (Aktiv)
2 gegeben worden sein (Passiv), beide sind Infinitive Perfekt
3 geben werden (Aktiv), Infinitiv der Zukunft (Futur)

Übung 2

Gegenwart	**Aktiv**	(zu) geben	*dare*
Vergangenheit	**Aktiv**	gegeben (zu) haben	*dedisse*
Zukunft	**Aktiv**	geben werden	*daturum esse*

Gegenwart	**Passiv**	gegeben werden	*dari*
Vergangenheit	**Passiv**	gegeben worden sein	*datum esse*

Übung 3

1 bewirkt werden (= Passiv, Präsens)
2 gehen werden (= Aktiv, Futur)
3 gewollt haben
4 sich gewöhnt haben = gewohnt sein
5 (künftig) vergessen werden (= Aktiv, Futur)
6 sich angestrengt haben
7 weggegangen sein
8 gekonnt haben
9 entrissen worden sein
10 bewahrt worden sein

Übung 4

1 mit einem AcI
2 Ich füge ein „dass" ein.
3 Ich übersetze den Akkusativ als Nominativ.
4 Einleitungsverb und AcI-Handlung sind gleichzeitig (Cäsar **sagte**, dass er dies nicht **glaube**).
5 Einleitungsverb und AcI-Handlung sind nicht gleichzeitig: Die AcI-Handlung liegt noch in der Zukunft (Cäsar **sagte**, er **werde** dies nicht **tun**).
6 Infinitiv Perfekt = Einleitungsverb und AcI-Handlung sind nicht gleichzeitig: Die AcI-Handlung ist schon vorbei. (Cäsar **sagte**, er **habe** dies nicht **getan**).

Übung 5

1 Ariovist behauptete, dass die Germanen früher nach Gallien gekommen seien als das römische Volk.
2 Ariovist antwortete, dass niemand ohne eigenes Verderben mit ihm gekämpft habe.
3 Cäsar versprach, dass diese Sache ihm eine Sorge sein werde (dass er sich kümmern werde.)
4 Cäsar wurde gemeldet, dass die Helvetier einen Marsch durch die Provinz machten.
5 Die Helvetier glaubten, dass sie die Allobroger überreden würden … / könnten …
6 Cäsar glaubte nicht, dass er dies zugestehen dürfe.

7 Cäsar glaubte, dass man eilen müsse.
8 Sie sagten, dass sie den Feind nicht fürchteten.
9 Cäsar entschied, dass es am günstigsten sei …
10 Cäsar wurde gemeldet, das die Germanen zu unseren Leuten heranritten und Geschosse auf die Unseren schleuderten.

Übung 6

1 Einleitungssätze: 1. Is ita cum Caesare egit: 7. His Caesar ita respondit: 14. Divico respondit: (Du siehst, sie enden alle mit einem Doppelpunkt. Das ist oft so.)
2 2. si pacem populus Romanus cum Helvetiis faceret, in eam partem ituros atque ibi futuros Helvetios ubi eos Caesar constituisset atque esse voluisset;
3 5. Se ita a patribus maioribusque suis didicisse, ut magis virtute contenderent quam dolo aut insidiis niterentur.
4 8. eo sibi minus dubitationis dari, quod eas res quas legati Helvetii commemorassent memoria teneret, atque eo gravius ferre quo minus merito populi Romani accidissent;
5 9. qui si alicuius iniuriae sibi conscius fuisset, non fuisse difficile cavere;
6 10. sed eo deceptum, quod neque commissum a se intellegeret quare timeret neque sine causa timendum putaret.
(Nach *deceptum* muss *esse* ergänzt werden. Das Subjekt ist zu ergänzen: das römische Volk.)
7 11. Quod si veteris contumeliae oblivisci vellet, num etiam recentium iniuriarum, quod eo invito iter per provinciam per vim temptassent, quod Haeduos, quod Ambarros, quod Allobrogas vexassent, memoriam deponere posse?
Subjekt ist zu ergänzen: er.
8 12. Quod sua victoria tam insolenter gloriarentur quodque tam diu se impune iniurias tulisse admirarentur, eodem pertinere.
9 13. Consuesse enim deos immortales, quo gravius homines ex commutatione rerum doleant, quos pro scelere eorum ulcisci velint, his secundiores interdum res et diuturniorem impunitatem concedere.
10 14. Cum ea ita sint, tamen, si obsides ab iis sibi dentur, uti ea quae polliceantur facturos intellegat, et si Haeduis de iniuriis quas ipsis sociisque eorum intulerint, item si Allobrogibus satis faciunt, sese cum iis pacem esse facturum.
11 16. ita Helvetios a maioribus suis institutos esse uti obsides accipere, non dare, consuerint;
12 17. eius rei populum Romanum esse testem.

Bei den folgenden Lösungen findest du keinen AcI. Also muss ein Satz im Konjunktiv der Hauptsatz sein. Aber welcher? Einer, der kein Zeichen für einen Nebensatz trägt, also durch keine Konjunktion wie *si, cum, qui, quod, ut, ubi* eingeleitet wird. Es handelt sich dann meist um eine Aufforderung („Er / sie solle…") oder eine mit *ne* verneinte Aufforderung („Er / sie solle nicht…") oder ein Frage:

13 3. si bello persequi perseveraret, reminisceretur et veteris incommodi populi Romani et pristinae virtutis Helvetiorum.
14 4. Quod improviso unum pagum adortus esset, cum ii qui flumen transissent suis auxilium ferre non possent, ne ob eam rem aut suae magnopere virtuti tribueret aut ipsos despiceret.
15 6. Quare ne committeret ut is locus ubi constitissent ex calamitate populi Romani et internecione exercitus nomen caperet aut memoriam proderet.

Übung 7

1 Dieser verhandelte so mit Cäsar:
2 Diesen antwortete Cäsar:
3 Divico antwortete:

Übung 8

1 die Helvetier würden in jenen Landesteil gehen und dort bleiben / … dass die Helvetier
2 sie hätten es so von ihren Vätern und Vorfahren gelernt /… dass sie es so …
3 es werde für ihn weniger Zweifel gegeben / es gebe für ihn weniger Zweifel / … dass es für ihn …
4 er / sie / es trage schwerer (daran) / … dass er …
5 es wäre / sei nicht schwierig gewesen sich zu hüten / … dass es …
6 aber darin sei er getäuscht worden / … dass er …
7 könne er die Erinnerung beiseite legen / verdrängen?
8 es laufe auf dasselbe hinaus / … dass es auf …
9 die unsterblichen Götter seien es nämlich gewöhnt / … dass die unsterblichen …
10 er werde mit ihnen Frieden schließen / … dass er …
11 so seien die Helvetier von ihren Vorfahren erzogen worden / … dass die Helvetier
12 das römische Volk sei Zeuge dieser Tatsache / … dass das römische Volk …
13 1. Liscus proponit: 2. esse nonnullos, quorum auctoritas apud plebem plurimum valeat, qui privatim plus possint quam ipsi magistratus. 3. Hos seditiosa atque improba oratione multitudinem deterrere, ne frumentum conferant quod debeant: 4. praestare, si iam principatum Galliae obtinere non possint, Gallorum quam Romanorum imperia perferre, neque dubitare quin, si Helvetios superaverint Romani, una cum reliqua Gallia Haeduis libertatem sint erepturi. 5. Ab isdem nostra consilia quaeque in castris gerantur hostibus enuntiari; 6. hos a se coerceri non posse. 7. Quin etiam, quod necessariam rem coactus Caesari enuntiarit, intellegere sese quanto id cum periculo fecerit, et ob eam causam quam diu potuerit tacuisse.
14 Nr. 2: es gebe einige
Nr. 3: diese schreckten die Menge mit einer aufrührerischen und verbrecherischen Rede ab
Nr. 4: es sei besser … und es gebe keinen Zweifel
Nr. 6: diese könnten von ihm nicht in Schranken gehalten werden.

H Participium coniunctum

Übung 1

1 drei Partizipien

2
- Im Aktiv das Partizip Präsens, das Gleichzeitigkeit signalisiert: *pugnans* (das passiert gleichzeitig mit irgendetwas anderem);
- im Aktiv das Partizip Futur, das Nachzeitigkeit signalisiert: *pugnaturus* (das wird später passieren);
- im Passiv das Partizip Perfekt, das Vorzeitigkeit signalisiert: *pugnatus* (das ist schon passiert).

Achtung: Die Bezeichnungen „Präsens" und „Perfekt" sind irreführend! Die Partizipien drücken keine Zeitform aus, sondern ein Zeitverhältnis zu einem anderen Verb. Das Partizip Präsens zum Beispiel drückt einfach eine Handlung aus, die gleichzeitig mit einer anderen abläuft.

3
- Die wörtliche Übersetzung:
  Der schreibende Plato starb = Plato starb schreibend
- Die Übersetzung mit einem Nebensatz:
  Plato starb, **während** er schrieb.
  Hier muss eine Konjunktion (während) gewählt werden, die **Gleichzeitgkeit** zwischen Hauptsatz und Nebensatz (Gliedsatz) ausdrückt.
- Die Übersetzung mit einem Hauptsatz:
  Plato schrieb **und** starb.
  Wenn wir ehrlich sind: So besonders deutlich wird die Gleichzeitigkeit hier nicht ausgedrückt. Zu diesem Zweck könnte man zur Verdeutlichung noch ein „dabei" einfügen, also: Plato schrieb und starb dabei.

Übung 2

1 Die Formen lauten:

	Singular:	**Plural:**
1. Fall	pugna-ns	pugna-ntes
2. Fall	-ntis	-ntium
3. Fall	-nti	-ntibus
4. Fall	-ntem	-ntes
6. Fall	-nte	-ntibus

Also zum Beispiel: *pugnantibus* = den Kämpfenden; durch die Kämpfenden.

2 Die wichtigsten Formen lauten:

	Singular:	**Plural:**
1. Fall	pugna-tus, -ta, -tum	pugna-ti, -tae, -ta
4. Fall	-tum, -tam, -tum	-tos , -tas, -ta

Also zum Beispiel: *pugnati* = die Bekämpften

3 Die wichtigsten Formen lauten:

	Singular:	**Plural:**
1. Fall	pugna-turus, -tura, -turum	pugna-turi, -turae, -tura
4. Fall	-turum, -turam, -turum	-turos, -turas, -tura

Also zum Beispiel : *pugnaturos* = die (= Akkusativ), die kämpfen wollen; die, die im Begriff sind / waren zu kämpfen.

Übung 3

1 den begehrenden
2 den gefährdenden
3 kommend
4 weinend, die Weinenden
5 heftig bewegt
6 gleichzeitig begrüßt
7 emporgehoben
8 informiert
9 hinausgehend
10 erblickend
11 erreichend
12 verweilend

Übung 4

1 Dann grüßte Scipio den ankommenden Laelius.
2 Scipio erblickte den plötzlich kommenden L. Furius.
3 Wir Konsuln sollen den Catilina dulden, der die ganze Erde mit einem Blutbad und Bränden zu verwüsten wünscht?
4 Der hochangesehene P. Scipio, der Oberpriester, hat den Ti.Gracchus, der den Bestand des Staates nur mäßig gefährdete, als Privatmann getötet (oder Imperfekt: tötete).
5 Diese weinten und baten, dass …
6 Cäsar eilte, von Titurius informiert, zu ihnen.
7 Durch diese Botschaften und Briefe heftig bewegt berief Cäsar zwei neue Legionen ein.
8 M. Manilius, von Scipio begrüßt, nahm Platz.
9 Durch dieses Gefecht in Hochstimmung versetzt, begannen die Helvetier …
10 In Zelten verborgen beklagten sie ihr Schicksal.
11 Wenn er, durch Raserei und Wahnsinn angetrieben, Krieg beginnen würde, …

Übung 5

1 Die Helvetier, durch seine Ankunft heftig bewegt, schicken Gesandte zu ihm.
2 Cäsar – darüber informiert und die Unzuverlässigkeit der Gallier fürchtend – glaubte ihnen nichts anvertrauen zu dürfen.
(Wenn du bei *committendum* ein Problem hattest, empfehle ich dir das Kapitel C *Gerundiv*.)
3 Von Ehrgeiz getrieben zettelte dieser eine Verschwörung unter dem Adel an.
4 Durch diese Sachlage veranlasst beschloss Cäsar …
5 Durch diese Dinge veranlasst und durch das Ansehen des Orgetorix beeindruckt, beschlossen sie das zu beschaffen …
6 Durch diese Rede veranlasst leisten sie einander einen Schwur.
7 Als der Stamm, deswegen aufgebracht, mit Waffen sein Recht durchzusetzen versuchte, …
8 Diese setzen allzu eifrig der Nachhut nach und beginnen eine Schlacht.
9 Die Gallier kommen aus dem Lager heraus und rücken an die Befestigungsanlagen heran.
10 Vercingetorix erblickt von der Burg aus die Seinigen und kommt aus der Festung heraus.
11 Cäsar erreicht einen geeigneten Ort und stellt fest, was vor sich geht.
12 Ariovist, der Anmaßung zeigte, hatte den Römern ganz Gallien abgesprochen.
13 Die Gallier, die alles versucht(hatt)en, berieten am Tag darauf.
14 Cäsar verweilt in dieser Gegend zwei Tage und stellt den jungen Brutus an die Spitze der Truppen.
15 Cäsar fürchtete einen Hinterhalt und hielt sein Heer im Lager.
16 Unsere Reiter überquerten den Fluss und begannen mit der Kavallerie der Feinde eine Schlacht.

17 Er munterte die Soldaten mit einer Rede auf und gab das Zeichen, die Schlacht zu beginnen.
18 Cäsar kam aus dem Lager heraus und stellte eine Schlachtreihe auf.
19 Dort vertrauten sehr wenige auf ihre Kräfte und bemühten sich hinüberzuschwimmen.
20 Ariovist erreichte einen Kahn und floh in ihm.
21 Unsere Reiter verfolgten alle übrigen und machten sie nieder.
22 Cäsar verweilte dort mehrere Tage und bekam eine sehr große Menge an Getreide und des restlichen Nachschubs und ließ das Heer ausruhen.
23 Oft seien sie mit ihnen zusammengetroffen und hätten nicht einmal deren Mienen ertragen können. (Wenn du hier Probleme hattest, empfehle ich dir das Kapitel 7 über die *Oratio obliqua*.)

Übung 6

1 perfecto
invito
prohibiturum
deiecti
iunctis
factis
conati
repulsi

2 Helvetii … secuti … contulerunt
Die Helvetier folgten mit all ihren Wagen und trugen ihr Gepäck an einer Stelle zusammen.

3 Defessi … coeperunt:
Endlich, durch Verwundungen erschöpft, begannen sie sowohl zurückzuweichen als auch, da ein Berg in etwa einer Meile Entfernung vorhanden war, sich dorthin zurückzuziehen.

4 Caesar … cohortatus suos … commisit.
Cäsar ermunterte seine Leute und begann (die Schlacht, nachdem er zuerst sein eigenes Pferd, dann die aller anderen außer Sicht hatte bringen lassen, damit bei gleicher Gefahr für alle jegliche Hoffnung auf Flucht zunichte würde).

5 Boi et Tulingi … nostros adgressi … et id conspicati Helvetii coeperunt…
Die Bojer und Tulinger griffen unsere Leute an und die Helvetier, dies sehend, begannen …

6 … circiter hominum milia VI … sive perterriti … sive inducti … egressi… contenderunt.
… etwa 6000 Menschen, möglicherweise in Panik, … möglicherweise verleitet, … verließen (das Lager) und marschierten …

7 quibuscum … Helvetii congressi … superarint
mit denen die Helvetier zusammengetroffen waren und … die sie … besiegt hatten.
Ariovistum desperantes … et … dispersos … adortum … vicisse.
Ariovist habe die Verzweifelnden und Zerstreuten angegriffen und besiegt.

Wenn du hier größere Schwierigkeiten hattest, ist das kein Wunder. Aber wenn du das Kapitels G über die *Oratio obliqua* durcharbeitest, müsste es leichter gehen.

I Relativer Satzanschluss

Übung 1

1 Quam ▷ eam
2 Er machte klar, dass diese Angelegenheit (nur) wenigen Menschen gelungen sei …
3 Ad quos ▷ ad eos
4 Als Cäsar zu diesen Boten schickte …
5 Quae res ▷ ea res
6 Dies(e Angelegenheit) machte (brachte) Cäsar Freude.
7 Ex quo ▷ ex eo
8 Daraus (aus diesem) könne man schließen / beurteilen …
9 Quos cum ▷ eos cum
10 Als Ariovist diese erblickt hatte, rief er aus …
11 Quae dum ▷ ea dum / eae dum
12 Während diese erledigt wurden = währenddessen …
13 Quae cum ▷ ea cum / eae cum
14 Da dies so ist / obwohl dies …
15 Qua re ▷ ea re
16 Nachdem diese Angelegenheit erkannt worden war …
17 Quo facto ▷ eo facto
18 Nachdem dies getan war / darauf …
19 Quibus ▷ eis
20 Nachdem diese Dinge getan / Angelegenheiten erledigt waren …
21 Quam ob ▷ eam ob
22 Wegen dieser Sache / deswegen …
23 Quo modo ▷ eo modo
24 auf diese Weise / so / wie
25 Quibus ▷ eis
26 Nachdem diese gehört worden waren …
27 Qui ▷ is / hic / ille
28 Wenn dieser nicht abziehe …
29 Quorum ▷ eorum
30 Von diesen verlangte einer / ein anderer …
31 Als die Rheinanwohner merkten, dass diese in Panik waren, töteten sie sie.
32 Qui ▷ ii
33 Diese beginnen mit der Kavallerie der Helvetier ein Gefecht.
34 Quo proelio ▷ eo proelio
35 Durch dieses Gefecht ermutigt begannen die Helvetier die Unsrigen zu provozieren.

J Relativsätze

Übung 1

	Singular	Plural
1. Fall	qui, quae, quod	qui, quae, quae
2. Fall	cuius	quorum, quarum, quorum
3. Fall	cui	quibus
4. Fall	quem, quam, quod	quos, quas, quae
6. Fall	quo, qua, quo	quibus

Übung 2

1 die (Nominativ Singular, Femininum);
die (Nominativ Plural, Femininum);
die (Nominativ Plural, Neutrum);
die (Akkusativ Plural, Neutrum)

2 qui

3 Nominativ

4 Plural

5 *qui* ist Nominativ, also Subjekt des Nebensatzes. Daher ist das Verb (Prädikat) *(student)* in derselben Zahl, also im Plural.

6 homines

7 , die sich bemühen

8 Subjekt, da ein Objekt nicht im Nominativ stehen würde.

9 quod

10 qui … incolunt

11 quo … adtriverat; cui … fuit

12 qui … praedicabant

13 quae … pertinent; qui … incolunt; quibuscum … gerunt

14 cuius … obtinuerat; quod … habuerit

15 cuius … obtinuerat

16 Genitiv

17 nein

18 Castico … Sequano

19 dessen … innegehabt hatte

20 quod … habuerit

21 Nominativ oder Akkusativ

22 ja

23 regnum

24 das (der Vater) gehabt hatte

25 quo … oporteret; quorum … habebat; qui … praeerat; quem … appellant; qui creatur… et … habet

26 quo … oporteret

27 Ablativ

28 nein

29 diem

30 an welchem … es sich gehörte

31 quorum … habebat

32 Genitiv

33 nein

34 principibus

35 deren … er hatte

36 qui … praeerat
37 Nominativ
38 ja
39 Lisco
40 der … vorstand
41 quem … appellant
42 Akkusativ
43 nein
44 Liscus
45 , den sie … nennen
46 qui creatur … et … habet
47 Nominativ
48 ja
49 vergobretum
50 der gewählt wird und … hat
51 qui … cognoverant; quo … ierant, qui habebatur et … fuerat
52 qui … cognoverant
53 Nominativ
54 ja
55 ducibus
56 , die … kannten
57 quo … ierant
58 Ablativ
59 nein
60 itinere
61 , auf dem (die Feinde) gegangen waren
62 qui … habebatur et … fuerat
63 Nominativ
64 ja
65 Considius
66 , welcher für … gehalten wurde und … gewesen war

Übung 3

1 , die den Ansturm der Feinde aufhalten sollte
2 , die herausfinden sollten
3 , die sehen sollten
4 , die glaubten
5 , die große Erfahrung im Lager hatten
und die die Kavallerie anführten
6 was das Erste / nahe liegendste ist und charakteristisch / angemessen ist für meine Amtsgewalt / dieses Reich und die Lehren / Grundsätze der Vorfahren /
was milder ist bezüglich der Strenge (was weniger streng ist) und bezüglich des allgemeinen Wohls / Heils nützlicher.

K Übersetzungstexte

Text 1

1. Cäsar, (der) am selben Tag von Kundschaftern / Aufklärern informiert (worden war), dass der Feind („die Feinde") am Fuß eines Berges („unterhalb des Berges") acht Meilen („acht Tausender Doppelschritte") – (Beim Übersetzen streicht man einfach das Wort *passuum*, übersetzt das Wort *milia* mit „Meilen" und die Zahl – hier *octo* – mit der passenden deutschen Zahl – hier „acht".) – von seinem Lager sich niedergelassen hätte(n) / habe(n), schickte <Leute>, die herausfinden sollten („sollten" wegen des Konjunktivs im Relativsatz), wie die Natur des Berges beschaffen sei und wie die Aufstiegsmöglichkeiten („der Aufstieg") auf allen Seiten („im Herumgehen").
2. Es wurde (zurück-)gemeldet, dass es (er) leicht sei (im Deutschen Konjunktiv wegen *Oratio obliqua*).
3. Zur dritten Nachtwache befahl / befiehlt er, dass T. Labienus, Legat im Rang eines / als Vertreter des Prätors / als Vizeprätor / Stellvertreter, mit zwei Legionen und denjenigen Kundschaftern, die den Weg erkundet hatten / kannten, den Berggipfel ersteigen sollte / solle.
4. Er machte / macht klar, was sein Plan war / wäre / sei.
5. Er selbst rückte / rückt ab der vierten Nachtwache auf derselben Route, auf der der Feind gezogen war, gegen diesen (diese) vor und schickte / schickt die gesamte Kavallerie voraus (vor sich her).
6. P. Considius, der für einen sehr erfahrenen Soldaten gehalten wurde / als … galt und im Heer des L. Sulla und danach in dem des M. Crassus gedient hatte, wurde / wird mit den Kundschaftern vorausgeschickt.

Text 2

1. Diese Aufträge wurden Cäsar zur selben Zeit überbracht, als (und) Gesandte (nicht „Legaten"!) von den Häduern und Treverern kamen:
2. Die Häduer <kamen>, um sich zu beklagen (*questum* = Supin von *queri* = um … zu), weil die Haruden, die vor kurzem <erst> nach Gallien gebracht worden waren, ihr Gebiet verwüsteten: sie könnten nicht einmal durch die Stellung von Geiseln Frieden mit (des Ariovists) Ariovist sich erkaufen.
3. Die Treverer aber <um sich zu beklagen>, dass hundert Gaue der Sueben an den Ufern des Rheins Halt gemacht hätten, die den Rhein zu überschreiten versuchten.
4. Diesen stünden die Brüder Nasua und Cimberius voran. (diese würden befehligt von …)
5. Cäsar, durch diese Sachlage stark beunruhigt, glaubte sich beeilen zu müssen, damit nicht, wenn die neue Schar Sueben sich mit den schon vorhandenen (alten) Truppen Ariovists vereinigt hätte, man weniger leicht Widerstand leisten könnte.
6. Deswegen rückte er in Eilmärschen gegen Ariovist vor, nachdem für die Verpflegung gesorgt worden war, so schnell er konnte.

Text 3

1. Als er einen Dreitagemarsch vorgerückt war, wurde ihm gemeldet, dass Ariovist mit all seinen Truppen zur Besetzung (zum Besetzen) von Vesontio, das die größte Stadt der Sequaner sei / ist, marschiere und schon einen Weg von drei Tagen von seinem Gebiet aus vorgerückt sei.
2. Cäsar glaubte, er müsse sich sehr vorsehen, dass dies(e) nicht geschehe.
3. Denn in dieser Stadt befand sich ein sehr großer Vorrat aller Dinge, die zum Kriegführen nützlich waren, und diese (Stadt) wurde durch die natürliche Lage (Natur des Ortes) so befestigt, dass sie eine große Möglichkeit bot, einen Krieg in die Länge zu ziehen (nicht „zu führen"!), deshalb, weil der Fluss Doubs wie im Kreis (herumgeführt) beinahe die ganze Stadt umfließt (umgürtet), den übrigen Raum, der nicht größer ist als 1600 Fuß, wo der Fluss nicht fließt, nimmt ein Berg von großer Höhe ein <und zwar> so, dass die Flussufer auf beiden Seiten den Fuß (die Wurzeln) dieses Berges berühren.
4. Diesen macht eine herumgeführte Mauer zur Festung (Burg) und verbindet ihn mit der Stadt.
5. Dorthin marschierte Cäsar in Gewaltmärschen bei Nacht und bei Tag und, nachdem die Stadt <von ihm> besetzt worden war, legte er dort eine Besatzung hinein.

Text 4

1. Als er dies gemerkt hatte, berief er eine Beratung (nachdem ein Rat einberufen war) ein und zog zu dieser Beratung die Centurionen aller Centurien (Abteilungen) hinzu (nachdem die Centurionen … hinzugezogen waren) und machte ihnen heftige Vorwürfe:
2. Erstens, weil sie glaubten, sie dürften (müssten = Gerundiv) fragen oder überlegen, entweder in welche Richtung oder nach welchem Plan sie geführt würden.
3. Ariovist habe sich zur Zeit seines (Cäsars) Konsulats eifrigst um die Freundschaft des römischen Volkes bemüht.
4. Warum glaube man (= *quisquam* = jemand), dass jener so kopflos von seiner Pflicht abweichen werde?
5. Er sei jedenfalls überzeugt, dass dieser, wenn er erst einmal (nachdem er …) seine Forderungen kennen gelernt und die Berechtigung seiner Bedingungen eingesehen habe, weder seine (= Cäsars) noch die Gunst des römischen Volkes zurückweisen werde.
6. Wenn er aber, von Raserei oder Wahnsinn getrieben, Krieg beginnen würde, was fürchteten sie denn schließlich?
7. Warum (ver)zweifelten sie denn entweder an ihrer Tapferkeit oder an seiner (Cäsars) Umsicht?
8. Man habe eine gefährliche Erfahrung (= *periculum* = Gefahr) mit diesem Feind schon zur Zeit (= Erinnerung) unserer Väter gemacht, als, nachdem die Kimbern und Teutonen von C. Marius geschlagen worden waren, das Heer nicht geringeren Ruhm verdient zu haben schien als der Feldherr selbst.